INSPIRACIÓN HISPANA

-3ª Edición-

41

MUJERES LATINAS INMIGRANTES
QUE TE EMPODERAN E INSPIRAN

MARCELA ARENAS

Una publicación de Comunícate PRO
ComunicatePro.com

www.ComunicatePro.com
Editora en Jefe: Marcela Arenas
Diseño: Pablo Herrera / Pieish.com

ISBN-13: 978-1-7342261-4-0
ISBN-10: 1-7342261-4-0

Categoría Crecimiento Personal / Autoayuda / Vida Práctica / Inspiración.

Category Personal Growth / Self-Help / Practical Living / Inspiration.

*No sabemos lo fuerte que somos hasta que
ser fuertes es nuestra única opción.*

Agradezco a cada una de estas 41 hispanas inmigrantes por insistir, persistir y jamás desistir.

CONTENIDO

INTRODUCCIÓN

En un asomo por sacar la cabeza del agua en la que por poco nos ahoga el año 2020, aquí estamos nuevamente. Tercer sueño cumplido, una nueva edición del libro Inspiración Hispana, un logro que se sudó a lágrimas y sangre por un contexto mundial que nos escondió el rostro detrás de una mascarilla, pero que también nos hizo pensar, y recalcular.

Hoy se hace creíble lo increíble, posible lo imposible. En las páginas siguientes se narra, con detalle y emocionalidad, la vida de 41 inmigrantes hispanas que consiguieron en este país la oportunidad que su nación de origen no les brindó. Lo que sería un testimonio orientado a plasmar años de obstáculos vencidos y metas alcanzadas, tuvo el matiz necesario de una redirección de planes debido a la pandemia del Coronavirus.

Ninguna confesó derrota. Por el contrario, aquellas que conocimos especialmente del mes de marzo en adelante, se mostraron entusiastas y confiadas, porque solo se trataba de un escollo más que vencer. Una barrera, un tanto alta y desconocida, que sortear y superar.

De nuevo sentimos cómo vibraba la pantalla de la pasión por la historia contada. Hubo sinceridad, franqueza y apertura de corazón. Cada una se mostró tal cual es, con sus defectos y virtudes, con sus vientos a favor y sus momentos en que creían perder la brújula.

Conocí a una cantante cristiana que esperó por años hacer una gira y mostrar su música al mundo, a una comunicadora social cuya chispa de energía está siempre encendida y ha sido

1

combustible para su propia academia online de Social Media. Incluso a la actriz de teatro que creó personaje tras personaje para torear las oleadas emocionales que amenazaron su estabilidad puertas adentro del hogar.

Todas distintas, pero con un aspecto que las une: la persistencia por lograr sus sueños y dar un mejor vivir a los suyos, tanto de aquí como de allá, los que dejaron en su país natal.

Son hispanas reiniciadas. Ahora hablan inglés, son residentes o nacionalizadas, algunas siguen su proceso migratorio, otras viven de su propio emprendimiento. Casi todas insisten en educar a sus hijos con valores de sus terruños, sin dejar de mirar el universo de oportunidades que da vivir en los Estados Unidos de América. Mientras haya vida, habrá servicio y esperanza. Sí se puede.

ADRIANA TORO

El amor más puro lo ofrece un niño con síndrome de Down

Tenerlo todo y de repente, tener que dejarlo todo. Lo vivió Adriana Toro y tantas más que han abandonado sus países para venirse a los Estados Unidos y volver a construir.

"Fue muy difícil venirnos porque en Colombia teníamos casa, carros, trabajos estables y la compañía de la familia. Sin embargo, aunque no fue fácil, sí se pudo y ya tenemos 20 años aquí".

Adriana es sicóloga de profesión. Conoce al dedillo las herramientas para mantener su salud mental a tono, pero reconoce que, a su llegada, la invadió el miedo sobre qué pasaría en el futuro inmediato.

¿Podría adaptarse a la nueva cultura? ¿Alcanzaría un estatus legal ideal? ¿Conseguiría trabajo?, se preguntaba constantemente. Pero superó todo y más. No sabía que sus pequeñas limitantes mentales serían rápidamente cuenta pasada para prepararla para lo que venía.

La colombiana emigró con su esposo y su primera hija Mariadelmar, quien ya la convirtió en abuela. En suelo americano nació Daniela, una preciosa niña con un cromosoma adicional, que la convirtió en una persona con síndrome de Down.

Están los que desaniman

Hay dos tipos de seres humanos: los que te dan ánimo y los que no creen que llegarás. "Hay un 90 % de personas que te desaniman, que no creen que lo vas a lograr. Pero un 10 % sí lo hace, y de ahí me agarré. Me negaba a esconder a la profesional, mis padres habían invertido en mí y yo tenía mucha experiencia para compartir", cuenta Adriana.

> "A los desanimados les digo: gracias por tu preocupación, pero yo sí lo voy a lograr".

A los desanimados les dijo: gracias por tu preocupación, pero yo sí voy a poder. Y pudo con el idioma, por ejemplo. Aprendió a hablar inglés.

Adriana debió trabajar en lo que jamás imaginó. Mientras lo hacía, se visualizaba en el futuro como sicóloga de nuevo, con un consultorio como el que había dejado en su país o tal vez trabajando para una gran organización.

"Esa profesional, que era yo misma, me decía: no me guardes, solo visualiza tu futuro, esto es temporal".

Un rayo de luz llamado Daniela

Daniela, su segunda hija, se convirtió en una de las más grandes bendiciones, un regalo de luz que Dios les dio justo cuando cumplía 40 años. Recibirla fue una inyección de energía.

De su condición, se enteraron cuando nació. Y desde ese mismo instante supo que debía convertirse en agente de cambio y en apoyo para las muchas familias que tienen hijos iguales al de ella.

"Cuando ella llegó, el cambio fue enorme. Al nacer y por sugerencia médica, alguno de nosotros debía quedarse en casa. Sin embargo al cumplir un año, nuestro panorama me decía que debía trabajar. Sin saberlo, hacía algún tiempo un abogado me había tramitado la validación de mi título universitario, lo cual me ayudó enormemente en la necesidad de conseguir empleo".

Empezó como trabajadora social de una organización sin ánimo de lucro, que se enfocaba en las familias del condado, en particular con aquellas con niños especiales y con necesidad de apoyo. Se involucró tanto con las familias, que su esposo y ella se propusieron jamás dejar de trabajar por quienes les necesiten, a través de una fundación que aspiran a expandir en Suramérica.

Adriana considera que una persona con síndrome de Down debería tener todas las oportunidades posibles. "Somos más parecidos que diferentes, son parte de nuestra sociedad, nos enseñan demasiado, aquel que no le da una oportunidad, no sabe de lo que pierde. Es el amor más divino, son transparentes, no pueden ver sufrir a nadie porque se hacen solidarios. No tienen filtros para el amor. Deben estar en clases regulares porque tienen potencial".

Si su vida se regresara 13 años para atrás y Dios le preguntara, si estuviera dispuesta a tener una hija con esta condición, le respondería que sí, sin dudarlo. "No cambiaría nada de lo que he vivido con mis hijas".

Colombia en el corazón

De su país natal extraña a su familia, la comida, a sus padres y a su hermanita, a ese nido que protege.

Entre ser mamá o ser abuela, prefiere ambos roles porque son dos amores tan grandes y tan diferentes que no podría escoger. Son experiencias distintas. Ser abuela es dar amor sin responsabilidades; la responsabilidad la tiene su mamá.

Si pudiera tener un superpoder, sería hacer realidad todas las metas que habitan en su corazón, entre ellas, su organización sin ánimo de lucro para apoyar a las familias con niños con síndrome de Down. "Quiero decirles a las mamás que tener un hijo con esta condición es una gran experiencia. No dejen que el miedo las invada".

2

ANABELLA AGUILAR

Alcanzar la libertad financiera un dólar a la vez

La situación política que se vislumbraba en Venezuela luego de las elecciones presidenciales del año 1999, hicieron encender las alarmas de Anabella Aguilar y su familia. Pocos años después, específicamente en mayo del 2003, ella, su entonces esposo y sus dos pequeños hijos, aterrizaban en Estados Unidos con miras a construir una nueva vida.

"Decidimos emigrar hacia un país donde pudiera criar con seguridad y estabilidad a mis hijos. Llegué a los Estados Unidos con una niña de dos añitos y un varón de seis. Todo comienzo es duro y el mío no fue la excepción. A los dos años de haber llegado, nos divorciamos así que me quedé sin papeles, sin saber el idioma, como madre soltera y lo único claro en mi mente era: a Venezuela no regreso".

Anabella debió trabajar duro y aguantar abusos de poder a costa de su necesidad. Pero en su mente siempre tuvo claro quién era, cuánto valía y para dónde iba

Hoy es una exitosa conferencista sobre temas de dinero y coach de desarrollo personal. Ya sabe dominar a aquel que le generó tantas angustias. El dinero ya no es problema, es un maravilloso recurso del cual se aprende cada día y si se trabaja bien, se alcanza la prosperidad.

Un renacer como el ave Fénix

En el 2007 logró su residencia, obtuvo sus papeles para trabajar y le ofrecieron irse a San Francisco, California. Pero se negó. Su idea era que sus hijos permanecieran cerca de su papá.

> "Decidí darle todo a este país agradeciendo las oportunidades que me ha brindado".

Alguna mente amiga le sugirió dedicarse a estudiar finanzas personales, y como se le daban bien los números, se animó a hacerlo. No hablaba inglés, así que el reto fue doble.

Logró tres licencias, empezó el trabajo, ayudar a la gente era algo formidable, pero la vida dio un giro inesperado. Llegó el año 2008 y con él, la caída de los sueños de inversión de mucha gente. Los dos años siguientes fueron muy duros. Ella y sus hijos comieron gracias a la bondad de personas de buen corazón a su alrededor, amigas que le tocaban la puerta con bolsas de alimentos. "Comí tierra —como dicen en mi país—, no tenía ni para la renta, pero lo mejor de eso, fue que vino el tiempo de renacer. Lo que no te mata, te hace implacable. Siempre me pregunto: ¿quién eres, cuáles son tus valores y qué no estás dispuesta a negociar?"

Tuvo oportunidades de negocios que comprometían sus principios, y no las tomó. Estaba clara quién era y lo que no quería para su vida.

Después del 2009 y 2010, Anabella aprendió que no debía trabajar con productos de bolsa de mucho riesgo, porque su credibilidad dependía de ello. También decidió que no le trabajaba a más nadie. Pero para lograrlo, el primer paso era decidirlo.

"Abrí mi propia agencia donde la bandera era la educación financiera, porque la vida se nos pasa entre ensayo y error, y no nos percatamos de que nuestros hijos necesitarán ir a la universidad, y nosotros mismos un retiro digno".

La pasión por hablarle a la gente

En el 2015, esta venezolana cayó en cuenta de su emoción de hablarle a la gente. "Mi comunidad latina es grandísima y necesita de mis conocimientos. Decidí darle todo a este país agradeciendo las oportunidades que me ha brindado".

Es así como llegó a ser conferencista sobre dinero, finanzas personales, mujeres empoderadas desde el punto de vista de economía personal y de familia.

Cree, fervientemente, que el camino para la libertad financiera es la educación. "Se trata de cambiar tu vida 1 dólar a la vez. Entender que cada dólar que te ganas con esfuerzo, debes saber cómo te lo debes gastar. Porque a veces nos abrumamos y no sabemos por dónde empezar. Pero si voy aprendiendo un concepto a la vez, es menos pesado y más fácil de digerir".

Anabella hace una pregunta valiosa a sus clientes: ¿por qué quieres hacer dinero?, ¿para comprar todo lo que otros tienen y tú no?, ¿o hay algo más? El desarrollo financiero va de la mano del desarrollo personal. Porque el dinero llegará al nivel donde esté tu autoestima.

Esclavas del dinero

El error más común que nos hace esclavas del dinero, es estar inmersas en una sociedad de satisfacción instantánea, lo cual nos hace olvidarnos de un fondo de ahorro. "Lo hemos visto con la pandemia; aparecieron un montón de temores porque si muero no tengo protegida a mi familia".

No tiene nada de malo aspirar lo mejor, porque merecemos la abundancia, pero en orden. Es común ver que la gente gasta más de lo que gana. Entonces ahí no hay manera de planificar ni ver al futuro.

Errores de nunca más

Entre los errores que Anabella no volvería a cometer si pudiera regresar el tiempo, sería cuidar más su matrimonio ante problemas económicos, haber invertido en un apartamento que no compró habiendo tenido cómo hacerlo y empezar a ahorrar desde la llegada, porque la gente cree que para invertir en un negocio es necesario tener 20 o 50 mil dólares, pero no es así. "Yo te invito a que diariamente, desde hoy, ahorres 5 dólares. Verás grandes resultados".

La venezolana se proyecta en el tiempo en crecimiento. "Tengo dos pasiones: enseñar desde lo simple, y la educación financiera. Estoy trabajando en un proyecto que se llama El Autobús Latino, el cual invita a gente a 'subirse' para capacitarse, sin importar de dónde vengan ni qué estén haciendo".

Definitivamente, se siente una Hispana Realizada. "Puse mis talentos por encima de mis miedos, mis ganas por encima de las incertidumbres y creí que era posible hacer todo lo que soñé. Mi mantra es 'puedo ser, hacer, y tener lo que yo decida'".

A las hispanas les dice: solo necesitas dos personas que crean en ti. Yo creo en ti, tú puedes ser la otra persona.

3

ANA SALAZAR

Conectar latinos mediante una plataforma de servicios

Su visión estaba en Canadá como país para emigrar. El plan parecía armado, pero la visa no fue aprobada y debió estacionar sus sueños en los Estados Unidos. Lo vivió Ana Salazar junto a su esposo e hija. Y lo consideró como un plan de Dios.

Mientras vivía en Colombia, Ana nunca pensó en vivir en los Estados Unidos. "Le tenía cierto estigma, porque creía que aquí la gente venía a hacer cosas que a mí jamás me hubiera gustado. Siempre viví cómoda y me repetía: no quiero ir a lavar baños".

Sin embargo, el reto tocó a su puerta. La compañía donde trabajaba en Colombia se declaró en quiebra, así que ella y su esposo quedaron sin trabajo. "Mi hija estaba pequeña y Miguel me propuso irnos a estudiar a Canadá. Pensamos en pasar de visita un mes a casa de mi hermana en Atlanta y así volar a Nueva York a solicitar la visa para Canadá, pero fue negada. ¿Qué hacemos?, nos preguntamos. Mi hermana estaba en una situación familiar difícil, así que nos quedamos reorganizando nuestros papeles y proyectos".

Actualmente, Ana es la mente que dirige una plataforma online de servicios llamada Conexión Latina, la cual también cuenta con una estación de radio digital. Su objetivo es conectar a la comunidad hispana con todo tipo de servicios bien sea de salud, arreglos para el hogar, compra de vehículos, abogados y más, siempre evaluando previamente al proveedor y garantizando que no habrá estafas ni pérdida de tiempo.

Un camino de flores

Lo primero que hizo luego de tomar la decisión de quedarse en el país donde creyó jamás viviría, fue poner manos a la obra junto a su hermana. Emprendieron. Abrieron una floristería llamada Colombian Flowers, dentro de un centro comercial. No hablaba inglés, solo escribía algo. "La gente me hablaba y yo sentía que era chino. No entendía nada".

> "Conocía a muchos inmigrantes, gente con falta de conocimientos y me animé a ayudarlos".

Progresivamente fue haciéndose experta en la comunicación, dominó el idioma, se afianzó el negocio y ganaron buen dinero, pero por desconocimiento, el castillo de naipes se vino abajo. El alquiler del local se les hacía muy costoso y no era buena época del año para semejante inversión. Decidieron irse a casa y trabajar para eventos, bodas y otros por contratación.

Vender era lo suyo

Ana consideró una buena decisión invertir su tiempo en mejorar el inglés que traía. "Fui a inscribirme al Interactive College of Technology de Georgia, y me ofrecieron trabajo ahí mismo. Los ayudé a mejorar sus estrategias de ventas y fue efectivo. Conocí a muchos inmigrantes, gente con falta de conocimientos y me animé a ayudarlos. Había mucha estafa en áreas como impuestos y seguros. Eso siempre ha sido injusto".

Cumplió cuatro años de labores en el instituto universitario y sintió que había llegado al tope de sus posibilidades de crecimiento. Era hora de emprender en lo suyo. "Me dediqué al mundo de los seguros, con varias compañías y diversos agentes. Pero en el 2018 nació Conexión Latina".

Una plataforma de información

Conexión Latina es una plataforma de información en español, donde se ofrecen servicios con proveedores calificados y entrenados con un seminario de buenas prácticas con el cliente. "Vemos los comentarios acerca de su negocio, ellos pagan una membresía y aparecen en la página; les hacemos seguimiento y garantizamos a la comunidad un buen trato y calidad de servicio".

Se dirigen al inmigrante que vive en el estado de Georgia, por ser su radio de alcance.

Dejar un legado de trabajo

La principal motivación de Ana, es su hija. "Ella ha recibido entrenamiento desde el vientre, escuchando contenidos de crecimiento personal y liderazgo. Deseo que aprenda de una mamá trabajadora, que vea que soy una mujer de principios que siempre trabaja por la justicia. Creo que con ella lo estamos haciendo bien, los hechos lo demuestran".

De sus errores, ha aprendido y no se arrepiente. Perdió dinero llegando a este país, pero eso la impulsó a trabajar duro para ayudar a otros. Se hizo más fuerte. Dios es grande y manda buenas lecciones.

A las hispanas que apenas van llegando las anima a que aprovechen la oportunidad de vivir fuera de su país de origen, porque significa ver otro mundo.

Y aunque Ana no se siente del todo una Hispana Realizada, agradece cada vez que ayuda a un inmigrante, cuando se gana la gratitud de alguien o de solo saber que ha hecho bien lo que te toca hacer.

Su corazón extraña a su Colombia de familia y de amigos, esa casa de mamá donde se reunía con sus hermanos y sobrinos por las tardes, a comer, conversar y verlos crecer.

"Jamás negociaría mi dignidad y mis principios. Creo que en la vida todo es posible. No es que me crea invencible, pero debemos buscarle la comba al palo, como se dice en Colombia. Sí se puede".

ANISLEY LANZA
Vivir al extremo por los sueños

Valiente inmigrante cubana, que dejando todo atrás, su familia, sus padres, sus amigos y sus apegos, decidió aventurarse a lo desconocido y lanzarse al mar, arriesgando no solo su propia vida, sino la de su pequeño hijo de seis años intentando lograr el sueño americano y la tan ansiada libertad. Es Anisley Lanza, una fiel creyente en Dios que se entregó para que este hiciera su santa voluntad. "Era todo o nada", se dijo a sí misma, decidiendo tomar el riesgo de perder incluso sus vidas en altamar, pero agradeciendo siempre su apoyo para hacerlos llegar sanos y salvos a tierras americanas.

Anisley llegó y logró establecerse. Actualmente es dueña y directora de una clínica de rehabilitación física y estética.

Un viaje peligroso

La travesía se hizo muy difícil, sabía que debía salir de Cuba huyendo. Primero viajó hasta Haití para luego cruzar hasta la República Dominicana acogiéndose a la ACNUR (agencia de la Organización de Naciones Unidas – ONU) como refugiada y de allí planificar su salto a los Estados Unidos. El viaje consistía en abordar un bote con un grupo de personas desconocidas que lo transformaba en una experiencia muy dura; estaba pautado para seis horas, sin embargo, fueron dos días de angustia y preocupación, creyendo por momentos que su hijo fallecía por la deshidratación. Llegaron a una isla deshabitada, que no era más que un faro de dominio norteamericano, llamado isla La Mona.

De frente a los obstáculos

Una vez en suelo americano, agradeció nuevamente a Dios haberle permitido dar el primer paso para lograr su sueño, teniendo que actuar con premura sabiendo que su hijo necesitaría atención y protección inmediata. Estaba en pleno conocimiento que enfrentaba una barrera complicada y difícil de vencer como lo es un idioma diferente, se planteó el reto entonces de conocerlo y aprenderlo, y para ello inició cursos que le permitieran dominarlo. No fue una tarea fácil, un idioma nuevo es un gran desafío.

> "A las estrellas no se sube por caminos llanos".

Paralelamente a sus estudios de inglés comenzó los cursos para hacerse esteticista y masajista, y aún continúa estudiando. Dice Anisley que "a las estrellas no se sube por caminos llanos", es decir, hay que proponerse a lograrlo, paso a paso, peldaño a peldaño, sabiendo que la ruta puede ser difícil.

Éxito tangible

Después de un tiempo, llegó la hora de materializar ese sueño por el que había luchado tanto, de tal manera que fundó una clínica de rehabilitación física, donde en los actuales momentos ofrece rehabilitación para personas que han sufrido accidentes automovilísticos, accidentes en sus trabajos, así como a aquellas personas que aun cuando no hayan sufrido accidentes, necesiten sus tratamientos. Anisley, conociendo bien sus raíces y entendiendo las necesidades de las personas que como ella han sufrido los rigores de la vida, enfoca sus servicios principalmente a los seguros de amparo, a pesar de atender también a las aseguradoras privadas. No solamente ofrece servicios de rehabilitación física, sino que también tiene un spa donde se pueden obtener servicios de belleza.

Es posible un negocio exitoso

Mantener operativa una empresa como la que dirige Anisley es bastante complicado debido principalmente a la obligación de cumplir cabalmente con los requerimientos legales, ya que los mismos son bastante estrictos, lo cual requiere seguir detenidamente cada protocolo.

A juicio de Anisley, las hispanas inmigrantes tienen una fuerza invisible, que les permite afrontar lo que se presente por delante, permitiéndose dejar atrás todo, la esencia y los apegos. A los hijos los está enseñando a no rendirse nunca, luchar por lo que quieran, con la consigna de "Sí se puede". Les está inculcando los mismos valores que trajo en su viaje de su Cuba natal, el respeto por lo demás, así como la honradez.

Visión de futuro

Anisley se visualiza como una empresaria exitosa, teniendo lo que ella misma llama, un Total Medical Center.

Se considera una Hispana Realizada que no cambiaría nada de su vida. Todo lo que le ha sucedido, la ha enseñado a prepararse para enfrentar la vida y le da gracias a Dios por ello. Finalmente, su mantra es: "Sí se puede" y su inspiración es la auto consideración, manteniendo una frase exhibida en su oficina, que dice: Soy la tormenta (*I am the storm*).

ANIUSKA MARÍN
Abrir las puertas del mundo a un niño enseñándole español

En Aniuska Marín los objetivos profesionales y personales están claros: crecer sostenidamente en el afianzamiento de su escuela de inmersión en el español para niños americanos, Spanish Learning Castle y promover el aprendizaje del segundo idioma como puerta a un mundo de posibilidades.

Es emprendedora, venezolana, educadora de profesión y bilingüe por necesidad y pasión. Esta inmigrante con más de 15 años en los Estados Unidos, y radicada en Texas, tomó como inspiración a su pequeña hija Valentina para ser mamá y trabajadora en simultáneo.

"Soy docente y cuando llegué a este país comencé a dar clases de español como segunda lengua. En 2012 salí en embarazada y me animé a emprender de manera de combinar mi rol de mamá con el de educadora, manteniendo a mi hija en un lugar seguro. Así nació Spanish Learning Castle, del cual ya tenemos una segunda sede", cuenta.

Se vino con la intención de mejorar su inglés. "Lo había estudiado en Venezuela, pero no es lo mismo vivirlo y padecerlo en vivo y directo; te das cuenta de que faltan muchos detalles por afinar".

La valiosa confianza

Cuando un papá y una mamá dejan a cargo de docentes y directores la vida escolar de sus hijos, se hace con un océano de confianza por delante.

"Ganarnos esa confianza de padres y representantes ha sido un proceso de tiempo, pero nos damos cuenta de que sí valoran el trabajo que hacemos, notan el cariño con el que atendemos a los niños. En nuestro caso, enseñamos a hablar, pero también a escribir, leer y comprender".

Aniuska reconoce que es un verdadero reto criar hijos bilingües y biculturales en este país. "¡Para eso estamos nosotros! Los ayudamos y apoyamos desde la escuela. Vivir con dos idiomas en casa es posible. En el caso de mantener el español, es más sencillo si ambos padres son hispanos; un desafío si papá o mamá es americano y un reto maravilloso si la idea es que el niño americano aprenda español. En SLC somos el refuerzo de casa a través de juegos y canciones, todo en español".

El camino de emprender

Emprender en los Estados Unidos no es tanto como fácil, pero sí se puede. El apoyo familiar es fundamental. "Mi hija ha sido mi mayor motor. Quiero que ella sea bilingüe porque es más fácil lograrlo siendo pequeños; como adultos también es posible, pero cuesta un poco más".

A veces, los padres latinos caen en el error de creer que, por no hablar inglés en casa, a los niños se les hará más difícil la adaptación a esta sociedad y no es así. Ellos tienen una gran capacidad y desarrollan la habilidad de hacer cambios de un idioma a otro sin ningún problema.

Los obstáculos también han estado en el camino de realización de esta venezolana. "Uno de los más duros fue superar la inundación de la escuela; estábamos en una zona de bajo riesgo, pero nos tocó. Gracias a las familias y al personal de trabajo, salimos adelante".

Su recomendación, para este tipo de situaciones, es contar con una póliza de seguro, con mentoría adecuada y asesoría especializada. "Debemos tener siempre un plan de negocios al iniciar el emprendimiento. Debes prepararte siempre para lo inesperado".

Amplio radio de comunicación

Las ventajas de promover un crecimiento de los hijos inmersos en al menos dos idiomas, son el poder comunicarse con mayor cantidad de personas, su cerebro es más saludable y desarrollado por las constantes conexiones de un idioma a otro, y se expanden los horizontes, se sienten más seguros. No hay impedimentos para tener amigos, le facilitas la vida a tus hijos.

Así que Aniuska siente que está donde debe estar. Enseñando en un país que le ha abierto las puertas y con suficientes herramientas para seguir creciendo. Consiguió en sus padres, esposo e hija, los cómplices ideales para sus sueños. "Por eso le digo a mi hija: debes ser lo que te haga feliz".

Se detiene en el "hoy" para mirar a un mañana de cinco años y confiesa: Hace cinco años me hice la misma pregunta y hoy me veo donde quería estar. Quería abrir una segunda sucursal y la tenemos. No somos simplemente una guardería, aquí los niños aprenden. Quiero que sigamos creciendo.

Pero también mira hacia atrás y recuerda cómo tuvo que reiniciarse al convertirse en inmigrante. "Aquí llegué con dos carreras universitarias, pero tocó recomenzar. Estudié de nuevo inglés para certificarme y también refresqué el español porque no es lo mismo saberlo que enseñarlo, retomé mucho de la gramática".

Aniuska fue nominada a recibir un reconocimiento como empresaria latina emergente en Texas. "Todo se lo debo al esfuerzo y la dedicación".

Se siente plenamente una Hispana Realizada, tanto en lo personal como en lo profesional. ¡Brindemos por eso!

Los valores que procura sembrar en un niño son la responsabilidad y la tolerancia, la palabra que define el instituto que fundó es "familia", y si pudiera cambiar algo de la educación que recibió sería un mejor inglés como asignatura y también inteligencia emocional.

Su mantra de vida es Spanish Learning Castle, un regalo para la vida. Un regalo, por cierto, en forma de castillo, forma que fue dibujada por su sobrino antes de crear la escuela y que ahora es emblema que lo identifica.

6

CAMILLE VIERA
Servir a los hispanos con vocación y corazón

La principal motivación que tuvo la puertorriqueña Camille Viera para emigrar a los Estados Unidos fue un sueño que tuvo de niña: aprender inglés. Formarse para trabajar teniendo otro idioma, sería la mejor manera de abrirse camino a nuevas oportunidades y qué mejor manera que vivir en el país donde es la lengua nativa.

Profesional de la administración de empresas, con estudios de posgrado incluidos, Camille reconoce que no tenía ese espíritu emprendedor que caracteriza a otras personas para hacer sus propios negocios, sino más bien, el espíritu de cumplir con el reto de aprender y trabajar en los Estados Unidos.

Luego de pasar por trabajos breves como asistente de limpieza de una farmacia y asistente en una importadora de productos avícolas, Camille logró emplearse en una institución bancaria, donde tuvo la oportunidad de brindar atención a la comunidad hispana de la localidad donde ella se encontraba. Durante cinco años, prestó sus servicios en dicha entidad como gerente encargada, donde interactuó con una cantidad de hispanos que buscaban solución a sus problemas, pero con las limitaciones propias de las funciones asignadas a ella por la institución.

Decidió abrir *Camille Viera Services*, su empresa. Dedicada a todos los aspectos contables, registro de organizaciones, reserva de nombre, y todo aquello relacionado con el inicio de un emprendimiento.

Su propio negocio

Camille es una joven mujer, hispana, inmigrante y profesional, quien pudo, en el transcurso de su ejercicio como gerente de servicios, notar cómo todas aquellas personas que se le acercaban por ayuda para sus diferentes planteamientos, se iban la mayoría de las veces sin recibir la justa respuesta y ella, preocupada ante esta realidad, comenzó a pensar: ¿De qué manera podría ayudar a esta gente? ¿Cómo podría resolver sus problemas? ¿De qué manera les daría respuesta a sus requerimientos? Todas estas preguntas, pronto fueron el disparador para que Camille se propusiera separarse de su empleo formal y diera los primeros pasos para formar su propio emprendimiento. Fue así como nació *Camille Viera Services*, una empresa que pronto se ubicó en la mente de aquellos clientes del banco que necesitaban respuestas más específicas, de acuerdo a sus necesidades y que no dudaron en acudir a Camille, en pos de su ayuda.

> "Muchos hispanos que recién llegan a USA no disponen de información sobre dónde abrir una cuenta bancaria".

Muchos hispanos que recién llegan a los Estados Unidos no disponen de información sobre dónde acudir en busca de los procedimientos para, por ejemplo, abrir una cuenta bancaria, alquilar un departamento o acceder a referencias personales.

Este tipo de orientación fue lo que se planteó Camille en el marco de ayudar a las personas necesitadas.

Hoy en día, sus acciones, su enfoque hacia el necesitado, el apoyo brindado a tantos hispanos, ha resultado en disponer de una empresa sólida, con sede propia, un edificio donde acuden en busca de ayuda, y donde ha podido consolidar su emprendimiento. Sin embargo, no queda allí su sueño, sino que pretende abrir sucursales en otras comunidades para ampliar el abanico de ayuda y el número de beneficiados, todo esto, siempre confiando en Dios como su apoyo.

Se considera una Hispana Realizada, ya que logró establecerse con tesón y dedicación al trabajo y su enfoque de ayuda al prójimo. Aconseja a la mujer hispana a entender que siempre habrá una oportunidad para destacarse y triunfar, que solo hay que creer en sí mismas y hacer las cosas confiando en Dios.

CAROLINA LEGUIZAMÓN
Emigrar sin cargas ni traumas

Luego de crecer en Colombia y experimentar profesionalmente tanto en su país, como en Chile y Venezuela, la psicóloga Carolina Leguizamón echó raíces en Alemania.

"Estoy en un país muy retador que en lo personal ha desafiado mi estructura de pensamiento, porque las emociones, las relaciones, la profesión y cómo viven su ciudadanía, es muy particular y diferente a la nuestra".

Para su proceso de adaptación, implementó una fórmula que le ha venido bastante bien, en especial en tiempos de pandemia: He elegido ser mi propia coach, así que independientemente de la motivación, que es un estado que va y viene, me he llenado de motivos, eso me ha ayudado a lidiar con la incertidumbre.

El idioma es un reto que se escribe en letra mayúscula. El alemán es gramatical y lingüísticamente muy diferente al español o al inglés, que ya hablaba. "Pero ha sido un maestro", reconoce.

"He ensanchado más mi corazón, ahora habito más en mí. Y he decidido profundizar en las relaciones que tengo y que también voy construyendo. Emigrar no ha sido fácil, no voy a romantizar este proceso, pero sí ha significado descubrirme como mi propia fuente de ánimo".

Carolina ofrece sus servicios como terapeuta a la comunidad hispanohablante tanto en Alemania como fuera de las fronteras. "Luego de 14 años de trabajo terapéutico, me sensibilicé hacia el público femenino. Por eso mi proyecto se llama *Ella Migra*".

Salud mental y bienestar

El foco de *Ella Migra* es trabajar en salud mental y bienestar emocional de mujeres hispanohablantes, que asumen el reto de expandirse. Su apuesta profesional se centra en la mujer adulta, quien parece perder la curiosidad de aprender cosas nuevas cuando avanza en edad.

Carolina enumera tres principales temores que aparecen en la mujer migrante: aquellos relacionados con la identidad profesional (ya no me nombro como la psicóloga que soy, por ejemplo), la identidad cultural (ya no usamos el mismo idioma, ni las mismas costumbres), y el temor sobre prácticas físicas como la relación familiar y de pareja. Son referentes que más se mueven y que más consultas generan en su servicio.

"El reto que más me ha costado vencer es lidiar con la idea de exponerme".

En su ámbito personal, Carolina también supera retos en el día a día. "El que más me ha costado vencer es lidiar con la incertidumbre y la idea de exponerme. Cuando migramos siendo adultas, pareciera que ya tuviéramos todo aprendido, nos cuesta desaprender. Me ha tocado sentirme como niña ante la necesidad de pedir ayuda. He aprendido nuevas expresiones no verbales para ser más empática, uno vuelve a lo básico".

Migraciones internas

Reconoce que las personas también viven procesos migratorios sin necesidad de cambiarse de país. Sucede entre ciudades o pueblos y, aunque no hay implicaciones de lenguaje o desarraigo cultural, sí existen sobre referentes identitarios como afectos familiares, lugares que frecuenta, amigos, entre otros.

En tiempos de pandemia

A los seres humanos nos tocó vivir un hecho sin precedentes: La pandemia del COVID-19.

Para surfear la ola de esta experiencia, Carolina ofrece algunas claves: 1) Afina tu libreto interno, es decir, hazte consciente de tu pensamiento y cómo este marca tu ritmo cardíaco, sostiene un miedo o abre una posibilidad. 2) Contactemos redes de apoyo. Vimos lo vulnerable que somos, pero desde ahí puedes construir autenticidad porque te muestras con tus miedos, alegrías, necesidades, pide ayuda y di no me siento bien. 3) Volvamos a ser curiosos. Seamos de nuevo como niños y despojémonos de tantas seguridades que nos construimos de adultos. Ten la posibilidad de aprender otras cosas. Rediseña tu presente y descubre nuevas habilidades. Nada es para siempre, pero tu disposición sí te abrirá nuevas puertas.

Es hora de un acompañamiento especial

Infortunadamente, el acompañamiento sicológico muchas veces se ha ligado a estar loco, mal, desahuciado o en duelo. Y en realidad lo necesitamos todas las personas, independientemente de cómo nos estemos sintiendo.

Es importante, dice la especialista, que activemos nuestra

campanita interna ante una emoción que me esté costando, un patrón de relación de la cual no puedo salir, una emoción que me genera problemas físicos o alguna conducta repetitiva que no me genera paz.

La psicoterapia combina mente, corazón y cuerpo. Si queremos romper patrones personales, familiares o relacionales que no nos funcionan, es hora de hacerse acompañar por un especialista.

Emigrar con la mayor seguridad

Si Carolina volviera a una experiencia migratoria, haría mucho más que armar una maleta. "Hay un consejo que puedo ofrecer y es armar redes antes de salir del país de origen. No solo empacar la ropa y los sueños. En caso de exiliados políticos, es otra cosa. Pero es bueno cultivar otras redes para llegar con algo adelantado".

Esta hispana se siente realizada, pero aún le queda sed de sentir que faltan cosas por alcanzar: en el amor, en los negocios, en el trabajo y en mucho más. "Estoy creando mi legado, mi vida es mi testimonio", dice.

Considera que la trampa más frecuente de nuestra mente es: no puedo. Una técnica para salir del miedo es la "arteterapia" que conecta con la creatividad.

Si tuviera un poder para cambiar algo de la mente humana sería el "no confío". En sí misma, en sus capacidades, que se traducen en problemas graves de autoestima. Su mantra es: Todo lo que buscas te está buscando. Finalmente, Carolina invita a todas a creer, crear y confiar.

CAROLINA TORO

Ayudar a una mujer es ayudar a toda una comunidad

Carolina Toro Gerstein es una de esas tantas colombianas inteligentes que se abren camino en los Estados Unidos a punta de estudio, trabajo y claro enfoque de sus objetivos. Vino hace poco más de 24 años con la intención de aprender inglés, pero un trabajo voluntario la enganchó a quedarse.

Pudo hacer una maestría, conoció a al hombre que es hoy su esposo y actualmente lidera una marca de accesorios únicos para mamás y bebés llamada Poncho Baby.

Es también mente maestra de su empresa consultora de emprendimiento y tecnología Diverse Women in Tech. Carolina es experta en rutas de comercialización de productos, marketing y estrategias. No en vano ha trabajado con grandes como Citibank, Yahoo! y Oracle.

Su fórmula del éxito la resume en "pasión por lo que uno quiere", además de preparación, aprendizaje de nuevos conocimientos y aprovechamiento del tiempo. "Yo traía mi carrera de ingeniería, pero haber hecho una maestría en negocios me abrió la mente y las puertas de un mercado muy diferente al que conocía de mi país, donde además tienes la oportunidad de conectar con personas de muchas culturas, no solo americanas".

La actitud lo es todo

Carolina cree que la actitud positiva es fundamental para superar cualquier obstáculo. "He sido afortunada de tener gente que me apoya; unos segundos papás americanos, la gente valiosa de la fundación de la universidad donde trabajé, también mis mentores en mi paso por Citibank. Ayudar a las personas alrededor, estar abierta a sugerencias, y agradecer siempre, han sido mis herramientas en todo este tiempo".

No hay oportunidad que se abra si no se usa la llave del conocimiento. La mujer hispana debe prepararse si aspira salir adelante. ¡Es tan importante! La educación mueve fronteras. No solo es aprender teoría, sino conectar con gente que no sienta conformidad con lo que tiene, sino ganas de superarse y ser mejor. Estando en ese ambiente de trabajo en equipo, se crece.

Dos negocios al mismo tiempo

Poncho Baby es una marca que nació luego del nacimiento de la segunda hija de Carolina. "Me animé a la idea de crear un producto que fuera fácil de usar para las mamás que viajan con sus hijos, funcionales, prácticos, de alta calidad. Es una especie de capa de cobertura completa de espalda y pecho. Ideal para alimentarlos en el parque, para cubrirlos mientras se alimentan, para arrullarlos si van a dormir, y más. La línea se extendió a accesorios para bebés".

Su deseo era crear un producto con el cual pudiera alimentar al bebé, tener privacidad y contar con amplia cobertura y protección. Con tela suave, orgánica, ligera y de calidad. Incluso puede ponerse encima del coche y tener visibilidad del bebé. Y lo logró.

Es un producto 100 % orgánico. Es una gasa, una tela que en realidad son dos que están unidas por unos hilos mínimos, lo cual la hace fresca. Fácil de lavar y secar. Ciertamente un poco costosa, pero la calidad y seguridad para el bebé lo valen.

Poncho Baby es un producto multifuncional que, junto con la confección de la tela, lo hacen diferente a cualquier otro producto medianamente similar. Para lograr esos elementos el vendedor debe entender bien quién es su cliente, explica la colombiana.

No pienses solo en un producto, porque un producto solo no hace una marca o un negocio. Debes crear una línea con un producto estrella, pero también otros alineados y que a tus clientes les puedan interesar.

Debes analizar la competencia. Ver sobre qué se queja la gente, y qué beneficios tiene. Debe ser de uso fácil, que pegue en el presente pero que trascienda. Es indispensable la conexión entre el producto y el mercado. Saber que no es un producto para ti sino para la gente. Mostrarlo, saber qué piensa la gente y saber si hay aceptación.

La otra cara profesional de Carolina, es Diverse Women in Tech Consulting. "Había gente que me preguntaba cómo había hecho para ser exitosa. Ya tenía experiencia en consultoría con algunas empresas, pero me decidí hacerlo de forma personal y ayudar a la transformación digital de mujeres que emprenden, empresas y más. Veo que mucha

"Había gente que me preguntaba cómo había hecho para ser exitosa".

gente ofrece social media, mercadeo, etc. Pero en mi caso les ayudo a mirar de forma estratégica, desde todo punto de vista".

Trabajar para sí misma es un desafío

Tanto trabajar como empleada en una empresa, como hacerlo para ti misma cuando te conviertes en emprendedora, es un desafío. "Ambos tienen sus niveles de dificultad. Para uno es difícil porque eres quien pones las metas y las mías son grandes. Trabajar para uno es más desafiante, debes moverte rápido y adaptarte al mercado. Con los sentidos bien abiertos para ver oportunidades".

Carolina mira sin miedo hacia el futuro. Por eso, en cinco años se ve con su servicio de consultoría más maduro y consolidado. "La consultoría es fascinante. Poder apoyar empresas grandes, pequeñas, descubriendo su elemento diferenciador en el mundo digital. Me veo dejando un legado no solo con mis productos sino sabiendo que he ayudado a otros a crecer".

Sobre el natural temor a emprender, ella cree que una de las claves es mirar a aquellos que han logrado lo que tú deseas. "Cuando llegué, este país fue todo un desafío especialmente por el idioma. No entendía a pesar de haber hecho cursos intensivos. Me tocó estudiar todos los días, sacrificarme, ir todos los días a la librería para aprender. Además, saqué mi maestría en un año. Luego entré a Citibank. Nosotras como mujeres hispanas debemos trabajar el doble porque hay cantidad de gente muy capacitada alrededor de nosotras".

Debemos tener mentalidad de aprender y crecer,, proyectarlo a los hijos para que aprendan y se desafíen. Es necesario aprender y dominar la habilidad de hablar dos idiomas.

Realizada con mucho por hacer

"Si me siento una Hispana Realizada. Pero todavía hay mucho por hacer, ayudar a muchas personas, mujeres especialmente. Se puede aprender de todo el mundo, venga de donde venga, no solo latinos. Debemos ayudarnos más para crecer más. Apoyarnos unas a las otras. No sentir que tenemos y no podemos compartir".

Para Carolina, un sueño inmediato es viajar internacionalmente para proyectar el crecimiento de la marca Poncho Baby.

Considera cierta la fórmula: mamá feliz = bebé feliz. Porque además es necesario tener un balance físico y espiritual, cuidar la salud, potenciar el trabajo, dedicar tiempo de calidad a los hijos, atenderse para irradiar lo mejor. Si haces más de lo que puedes, te quemas.

Su mantra es "trabaja en algo que te apasione, crece y ayuda". Ayudar a una mujer, es ayudar a toda una familia y a una comunidad.

9

CATALINA GÓMEZ-BEUTH
Los hijos como fuente de inspiración artística

Catalina Gómez-Beuth es una mujer sensible. Es artista, es pintora. Usa a su antojo lienzos, pinceles y óleos para transmitir la belleza humana y la importancia de conectar con el ser interior, sin distingo de raza ni color.

Llegó a los Estados Unidos hace 20 años a pasar vacaciones. Pero el amor le jugó una genial pasada y le presentó al hombre de su vida. Así que se enamoró de un argentino, siendo ella colombiana, y decidieron echar raíces. "No lo había planeado, pero sucedió".

Para Catalina, el arte es un desahogo total. "Es donde plasmo mi vida, mis emociones, mis frustraciones. Todo. La vida del artista, en líneas generales, es más difícil que la del resto. Se trata de disfrutar y apoyarse entre los miembros del gremio. Es un reto maravilloso para vivir".

Confiesa que son sus hijos su mayor fuente de inspiración. Los observa, se encanta, los interpreta. "Mis hijos son mi cuestionamiento permanente. Me pregunto siempre qué debo hacer para que aporten socialmente. Qué digo que sin saber les impacta su vida. ¿Qué mensajes les estoy enviando? Quiero estar siempre atenta a lo que les doy para que tengan una mejor formación y se integren lo mejor posible a la sociedad".

Vuela la imaginación

En tiempos de pandemia no hay muros que impidan que la imaginación de un artista vuele hacia parajes insospechados. Es más, la promueve como vía de escape a lo inesperado. "Mi mente viaja hacia donde esté mi estado de ánimo. No hay límites, solo me dejo llevar".

> "Mi mente viaja hacia donde esté mi estado de ánimo. No hay límites, solo me dejo llevar".

Catalina tiene un sello que la caracteriza. En sus pinturas, predominan los colores gris y naranja. El gris para la piel de las personas y el naranja como tono de vida, fuerza y alegría. "La razón del gris es porque se trata de un tono neutro que no define a la persona por el color de su piel. Cuando vine al país fue un encanto ver que en mi barrio había gente de todo tipo, de todo color. Yo crecí con pura gente de mi pueblo y aquí la diversidad fue maravillosa. Podemos trascender al color de la piel y conectar con su ser más profundo. Lo que quiero es precisamente eso, no quedarnos en lo superficial. Quiero evadir el tema, pero con un código consciente. Deseo lograr que la gente conecte con otra gente desde lo interior y descubrir lo que desean transmitir".

Sigue con tus sueños

Catalina extiende la invitación a las hispanas inmigrantes a cargar con ellas siempre las maletas que trajeron llenas de sueños. "Cualquier otra, puedes dejarlas de lado. Te invito a descubrir las maravillas que tiene este país para ti. Conserva tus sentimientos, tus creencias y costumbres, pero aquí también puedes encontrar cosas muy buenas. Deja a un lado la predisposición, mantén una buena actitud".

Para las mujeres que sueñan con vivir del arte y plasmar sus ideas, aconseja que, aunque debas trabajar como mesera un tiempo más, el secreto está en la correcta distribución del tiempo. "Por ejemplo, yo en las mañanas mientras mis hijos estudian, desarrollo mi pasión que es la pintura. En la tarde trabajo para mi hogar y me dedico a la familia. Se trata de hacer todo en equipo, y todos somos parte de él. Hay que sacar el tiempo para los sueños, debemos poner hora para lograr lo que queremos".

Todo tiempo se aprovecha

Los modelos predilectos de sus obras son sus hijos, son quienes la inspiran. Ya ha pintado unas 12 veces a su hija. También a sus sobrinos, amiguitos, y los que se dejen.

Más allá de dejar un legado con sus obras, Catalina quiere dejar saber a sus hijos que siempre debemos tener un sueño entre las manos. No importa la edad.

Durante la pandemia, el tiempo ha sido bien aprovechado. "Me ha gustado tener a mis hijos y esposo en casa. También he aprovechado de tomar clases de escultura por Zoom con un profesor en Argentina y lo único que pido es respeto a ese tiempo de aprendizaje. No era muy amiga de las redes sociales, pero aprendí que debemos echar manos de las herramientas disponibles".

La Catalina de hoy le diría a la Catalina de hace 20 años que lo más importante es escuchar la voz interna que muchas veces intentamos callar. Tener confianza en uno mismo, creer en ti.

En cinco años se proyecta como escultora, logrando más sueños. "Quiero seguir aprendiendo de arte".

Sí se considera una Hispana Realizada porque puede soñar y trabajar para lograrlo. Entre sus manos o sus pinceles, escoge sus manos. Su paisaje favorito es su casa y su mantra es: Ten siempre un sueño entre las manos.

10

CLARA RICHARDSON

*En equipo se alcanzan
mejor los objetivos*

Se trajo el Sol en todo el cuerpo y el tumba'o de cadera de aquellas que crecieron en el corazón del Caribe. Su nombre es Clara Richardson Olguín, una dominicana radicada en Atlanta, con múltiples facetas que la hacen una hispana inspiradora.

Llegó con un título en Leyes. Pero lo que la movió a mudarse, realmente, fue su amor por la música. "Vine con la idea de especializarme en el mundo de la música, tenía influencia en teatro musical de la mano de grandes, como las Hermanas Quintana y otras más. Quise aprender de la industria y dedicarme a la representación musical, eventos, producción y educación; así que inicié una etapa universitaria con diversos programas".

Pero la vida y sus rumbos, y ritmos, le cambió la perspectiva. Se hizo emprendedora y hoy es miembro fundador de CIC Floors, una empresa de instalación de pisos, papel tapiz y remodelaciones.

Clara está casada con un mexicano, así que la mezcla de culturas ha estado siempre pintando de matices su cotidianidad. "Tenemos mucho en común, ambos somos decididos, calientes de espíritu, apasionados de lo que hacemos y defendemos nuestras raíces".

A su amado lo conoció bailando salsa. "Estábamos en un club por la promoción de un evento, en aquel 2005, y nos enamoramos bailando. De ahí surgió esa premisa de que bailas sobre buenos pisos, ya que él estaba metido en la industria".

Además de empresaria, músico y abogado, Clara cría cuatro hijos, dos adolescentes y dos niños. "Nuestra base fundamental es Dios, quien nos mantiene unidos como familia. Somos un equipo, participamos en las metas comunes, hacia dónde vamos. En este tiempo de desafíos, comprendo a todas esas mamás que están en casa, a cargo de hijos y trabajo, por eso debemos ser equipo para que funcione. Todos participamos en el crecimiento del grupo familiar".

> "Nuestra base fundamental es Dios, quien nos mantiene unidos como familia".

Un año de reinvención

El año 2020, a propósito de la pandemia, no ha sido fácil. Pero Clara va un día a la vez, porque no se siente superhéroe ni piensa que lo hará todo. "Iniciamos el día encomendados a Dios y a la Virgen María, nos repartimos tareas, nos divertimos y al día siguiente volvemos a comenzar".

En este 2020, cuando se han vivido momentos tan cruciales, seguimos adelante con la familia, procuramos que los niños no se atrasen y seguimos produciendo para que en el hogar no falte el pan de cada día.

El desafío de mantener la economía

CIC Floors es un grupo de contratistas unidos para dar servicio a clientes sobre instalación de pisos, papel tapiz y remodelaciones en general, con productos exclusivos y alta calidad, con detalles y el diferenciador toque artístico.

"En momentos de incertidumbre, le decimos a nuestros clientes que estamos aquí para ayudarles a terminar su proyecto, ya sea que lo hayan contratado o esté pautado, con los mismos estándares de calidad, y con las medidas de seguridad pertinentes. Mantenemos la prudencia y respeto por la situación mundial de salud".

Para Clara y su esposo el mayor obstáculo que han enfrentado y superado, una y otra vez, tiene que ver con el dinero. "El tema financiero es clave. Cuánto tengo para mover mi negocio y cuánto tengo para la fluidez. Hemos tenido momentos críticos con el tema del dinero. Una pequeña empresa puede tener 100 mil dólares un día y al siguiente cero".

Como mujer, en el área de la construcción, se encuentra con aquellos que preguntan ¿qué sabes de esto? "Y tal vez no sabré mucho, pero sí sé escuchar a mis clientes, a soñar con ellos".

¡No se dejen!

A las hispanas soñadoras les dice: ¡No se dejen! Si quieres estudiar algo, hazlo. Si quieres soñar, enfócate, prepárate, busca información. Busca varias respuestas a tus preguntas. Ten tus propias listas de puntos importantes. Levántate todos los días con un "hoy lo haré".

Si tienes música en el corazón canta, baila, sé alegre. Disfruta de los amores que tienes alrededor. Disfruta la vida y dale pa'lante, como se dice normalmente en Santo Domingo.

Clara prefiere la salsa por encima de la bachata, el merengue y el reguetón. Si pudiera tener un superpoder sería ser mejor mamá, mientras que su mantra es "recalíbrate todos los días".

CLAUDIA RODRÍGUEZ
Glamour para la mujer audaz

Claudia Rodríguez es, sin lugar a dudas, una verdadera emprendedora, especialmente emprendedora de la vida. Con apenas dieciséis años, siendo apenas una adolescente, tomó una determinación que a esa edad tal vez nadie se arriesga a seguir, y fue irse de su país El Salvador.

Eran tiempos de dificultades económicas, sociales y de toda índole; pero buscó instalarse, luchar y abrirse camino en los Estados Unidos. Siendo una mujer tan joven, todo hacía pensar que su aventura podría durar muy poco, no obstante, con un inmenso corazón y una fe inquebrantable en Dios, se enfocó en superar cualquier obstáculo que se le presentara.

Hoy es ampliamente reconocida por su talento como maquilladora profesional, que no solo cambia y ayuda a resaltar la belleza que toda mujer ya tiene, sino que les enseña cómo mejorar técnicas, productos y destrezas.

Una vida impredecible

Cuando una joven es como Claudia Rodríguez, arriesgada, decidida, con mucho que perder, pero con mucho más que ganar, con una determinación de acero para triunfar, es difícil detenerla en sus propósitos.

Así fue como una vez en suelo norteamericano, se empleó en un restaurante de comida latina, específicamente gastronomía mexicana. Confiesa Claudia que esa primera experiencia no era de su total agrado, ya que la disciplina, la exigencia, hasta tener que usar un uniforme, no venía en sus genes de emprendedora; su objetivo trascendía el ser su propia jefa, la dueña de su destino empresarial. A pesar de saber que podría lograr sus objetivos, no tenía claro ni cómo ni cuándo por lo que transcurrió un tiempo prestando sus servicios como mesera en ese primer empleo.

> "El camino hacia el éxito debe ir acompañado por la motivación familiar".

Gracias a lo impredecible de la vida, fue en ese restaurante mexicano donde conoció al que a la postre sería su compañero de vida, su futuro esposo, el padre de sus hijos y su mayor apoyo, para darle rienda suelta a su sueño de ser exitosa por propia cuenta.

Ciertamente, a pesar de haber salido embarazada de su primer hijo y tener que abandonar su trabajo, supo Claudia que esa etapa de su joven vida, había que enfrentarla aceptando que el ser madre implicaba un sacrificio más allá de lo conocido, de lo calculado y que debía tener una dedicación exclusiva para la crianza de su pequeño retoño.

Salto hacia el éxito

La inquietud por establecer su propio negocio, por llevar a cabo sus sueños, por materializar la idea por la que había emigrado de su país, dejando sus apegos, su familia y amigos, así como su tierra natal, la impulsó a convencerse de que aun cuando su pequeño hijo la necesitaba, ella podía intentar ponerse en marcha para lanzar su proyecto.

Así, convencida de que para poder alcanzar sus metas debía aprender un oficio, comenzó a formarse, estudiar, adquirir conocimientos. Accedió a cursos especializados, enfocados en su pasión: el maquillaje profesional. Claudia tenía una virtud y es que su visión de prestar servicios en un campo tan competitivo, debía hacerse orientado a satisfacer los requerimientos de sus clientes, adicionando una actitud de consejería, de guía, para hacerles comprender a cada una de ellas la pertinencia de uno u otro estilo de maquillaje, entendiéndolo como una forma de cambiar el aspecto de cada persona, de presentarse de otra manera a pesar de seguir siendo el mismo individuo.

Actualmente, después de varios años de ejercicio profesional, de aprendizaje, la mejora continua y de la renovación constante de sus conocimientos, esta salvadoreña dispone de un instituto de maquillaje llamado *Claudia Rodríguez Makeup Artist*, con el cual ha alcanzado su éxito como emprendedora y el logro de sus metas más deseadas.

Satisfacer los gustos

A pesar de su experiencia migratoria a temprana edad hacia este país, ha recorrido un camino lleno de éxitos, con el acompañamiento y motivación de su familia, sus hijos y su esposo, orientada en la satisfacción de su clientela, con la constante renovación de sus conocimientos y atenta a los nuevos enfoques del maquillaje profesional. Todo lo anterior, la posiciona con la mejor aceptación por su clientela, lo que convierte a Claudia Rodríguez en una Hispana Realizada y exitosa. Su enfoque hacia el éxito lo sustenta en la confianza, el tesón, el enfoque de calidad del servicio y la perseverancia para el logro de los objetivos planteados.

12

DANEFF DÁVILA
Construir bienestar para todos por igual

Daneff Dávila, psicóloga, psicoterapeuta y coach de propósitos es el claro ejemplo de una inmigrante exitosa en los Estados Unidos. Admite tener un camino de inmigrante porque al graduarse como psicóloga en Venezuela, salió de su país para especializarse en Psicoterapia, lo cual la llevó a vivir un tiempo en Inglaterra y España.

Una vez culminada la especialización, regresó a su país con el propósito de aportar sus conocimientos y ejercer como psicóloga y terapeuta por espacio de tres años, durante los cuales ganó fortaleza profesional y aprendió muchas cosas. Sin embargo, "sentía que faltaba algo porque una vez los pacientes lograban superar los retos emocionales o de vida que los llevó a la consulta, terminaba mi acompañamiento".

Nuevas oportunidades

La compleja situación económica de su país la obligó a emigrar junto a su familia y llegó a los Estados Unidos buscando oportunidades y posibilidades. "Se me han presentado de las maneras menos pensadas, ello me llevó a un proceso de autoexploración y de sinceridad personal: ¿qué puedo aportar? ¿De qué manera? ¿Qué quiero? ¿Qué puedo alcanzar ahora? ¿Qué debo postergar por el momento?, pero también como proceso de sanación, aceptar que lo que había tenido ya no estaba y debía enfrentar la nueva realidad; resultó duro pero necesario. Enfoqué mi energía y mi alma para enfrentar lo que se iba presentando".

En su nueva realidad, como ella la llama, se ha desempeñado como psicóloga y en otras áreas, hasta que se topó con la del coaching y descubrió que era la ocasión para conjugarla con su formación como psicoterapeuta, desarrollar proyectos de vida y así alcanzar el propósito que se había planteado. "Diseñé un modelo de trabajo que combina diseño de proyectos, coaching y psicoterapia para que la gente logre reconocer un propósito y ponerlo en acción, cuando alguien tiene mucho para dar y cómo puede hacerlo. Mi propósito es trabajar para que otros también logren el suyo, eso es lo que me gusta hacer y me siento feliz por ello".

> "Mi intención es que la gente reconozca su propósito y lo ponga en acción".

La creatividad como sustento de vida

Generar un proyecto que involucra áreas tan diferentes implica poner en ejercicio un alto grado de creatividad. Daneff tuvo que valerse de sus conocimientos, vivencias y experiencias acumuladas para darle forma y concretar este proyecto, que representa su propósito de vida en este país.

Lograr que ideas creativas, como esta, puedan convertirse en un modo de sustento, involucra movilizar competencias personales de diversa índole y así lo reconoce. "Lo importante es ser valiente, reconocer los defectos, virtudes, errores y sobre todo tener claridad de hasta dónde eres capaz de llegar, asimismo, atreverse a tomar riesgos, estar abierta a aprender cosas nuevas".

"Tuve que recurrir a conocimientos, habilidades, intenciones que forman parte del background de mi vida, que estaban allí y anteriormente no me atreví a poner en práctica y con este proyecto, me sirvieron de trampolín para iniciar lo que hago. A la larga logré que la creatividad fuese la base de mi vida porque me reconocí capaz y con los elementos necesarios para emprender este camino".

Lecciones de vida

Siempre se comenta que en tiempos difíciles surgen oportunidades que pueden convertirse en situaciones aleccionadoras. En tiempos de pandemia, Daneff supo vencer sus resistencias, miedos e inseguridades para seguir adelante.

"Viví la experiencia del COVID-19 y confieso que pocas veces en mi vida me había tomado el tiempo de detenerme conmigo misma y mirar dónde estaba parada, haciendo muchas cosas a la vez, a un ritmo muy acelerado y sin profundizar sobre las decisiones que estaba tomando. Me di cuenta de que la vida se está pasando demasiado rápido, aprendí que hay que tomarse un tiempo para asimilar las cosas como van sucediendo para vivirlas, desarrollarlas y con menos necesidad de tener el control".

Con sus vivencias con el COVID-19 Daneff pasó de ser la psicoterapeuta-coach de sus pacientes y clientes a convertirse en paciente de ella misma. "Entendí que debo asumir la vida con calma, que no puedo controlarlo todo; controlo lo que pienso, decido y los pasos que doy, pero no la vida".

Sufrir y superar la enfermedad impactó de alguna manera su ejercicio como psicoterapeuta y coach, porque la motivó a darle un vuelco a las actividades con sus pacientes y clientes de coaching. "La manera como trabajo ahora está guiada por más energía, tengo más ganas de hacer mejor las cosas, con una fuerza que viene de lo interno, sin pensar en efectividad o la productividad".

Recomienda a las hispanas que quieren desarrollar un emprendimiento, que van a aplicar a un cargo o abrir un negocio y no se atreven porque están llenas de miedo:

- Reconocer dentro de ellas quiénes son y valorarse.
- No ocultarse de sí mismas.
- Reconocer y confiar en las infinitas habilidades que poseen.
- Apoyarse en personas que tienen experiencia.
- Buscar herramientas útiles que faciliten su proceso.

En cinco años se ve liderando grandes proyectos de emprendedores que busquen brindarle al mundo más humanidad, proyectos colectivos de organizaciones que quieran transmitir al mundo sus valores, su cultura; como madre, transmitiéndoles sus valores a sus hijos.

Se siente una Hispana Realizada que cada día se realiza más, "también me siento bendecida porque soy venezolana, latina, hispana. Siento que la comunidad latina tiene grandes valores y energía para aportar. Como venezolana siento la responsabilidad de compartir todo lo bueno que tiene mi país, al que llamo tierra de gracia, transmitir lo que mi país me inyectó en las venas".

13

DANIELA BARROSO
Confiar en Dios de forma intensa

A Daniela Barroso la trajo su familia a los Estados Unidos. Tenía 9 años cuando sus padres decidieron emigrar, así que debió hacerlo formando parte de un proyecto familiar. "Dejé cultura, comidas, de todo. Y aunque era una niña, me afectó separarme del resto de mi familia. Fue un salto de fe porque mis padres jamás se imaginaron salir, pero lo hicieron y aquí estamos".

Esta joven boliviana es cantante, simpática, elocuente y capaz. Tiene una fe viva y su talento está dedicado a Dios. También es emprendedora; su sueño es abrir su propia casa disquera y ya lanzó al mercado una línea de ropa llamada Vestíos de Amor.

Daniela entró al mundo de la música siendo aún una niña. "Siempre amé la música. Cantaba, me mantenía cerca. A los 11 años comencé a cantar en la iglesia donde se congregaba mi familia y rápidamente todo se convirtió en un asunto serio. Un año más tarde me encontraba grabando mi primer disco. Todo fue tomando un bonito color".

Siempre ha estado involucrada con la música y el ministerio de música en la iglesia. Estudió sicología y, aunque no ha ejercido directamente, ha sabido combinar sus conocimientos con su pasión musical.

Ni fama ni riqueza

Lo común sería pensar que una joven cantante, que no supera siquiera los 30 años de edad, pudiera inclinarse por géneros rentables comercialmente como el pop, rock o el reguetón, los cuales proporcionarían fama y riqueza. Pero en el caso de Daniela, la música cristiana es lo que la ha llevado a los escenarios.

> "La fama y la riqueza no importan; pero sí ver una vida cambiada".

"Desde pequeña entendí que mi vida le pertenece a Dios y que había sido separada para un propósito. Antes de nacer, a los 7 meses de gestación, fui desahuciada. A medida que fui creciendo y me enteré de los detalles de la historia, comprendí que había sido el Espíritu Santo quien me enviaba y mi vida debía dar un mensaje de amor, esperanza y paz para el mundo".

La fama y la riqueza no le importan. Pero sí ver una vida cambiada, que refleje esperanza, lo cual siempre ha sido su meta.

Una barrera migratoria

Daniela y su familia llegaron con los bolsillos llenos de sueños, pero se atravesó la barrera del estatus migratorio. Así que permanecieron ilegales por un buen tiempo, durante el cual aparecían proyectos de giras, disqueras que deseaban contratarle, pero no podía salir del país.

"Había rechazo y empecé a experimentar frustración. Entonces nacieron canciones especiales, cargadas de emocionalidad y fe. Era Dios mismo hablándome. Son canciones que han llegado a otros países mediante redes sociales, medios de comunicación y plataformas masivas que me han hecho viajar virtualmente. Me ha tocado confiar en Dios de una forma más intensa".

Mensaje a las hispanas

Dios te ama, y cuando lo entiendes se acaban todos los miedos. "El perfecto amor echa fuera todo temor", dice un versículo de la Biblia.

Daniela usa el poderoso mensaje bíblico para decirle a otras hispanas que se encuentran en una situación similar a la suya, que "las tribulaciones son un privilegio porque es donde Dios se muestra más grande. Sigue soñando, sigue luchando, un día verás la recompensa al trabajo y fidelidad".

Para aquellas que sueñan con ser cantantes, es normal el temor de creer si podrás hacerlo. "Pero si tienes el sueño, hazlo. Encuentra un propósito de por qué cantar".

Una joven emprendedora

Aparte de la música, Daniela tiene proyectos. Desea abrir su propia disquera y ya lanzó al mercado su línea de ropa Vestíos de Amor.

"La línea de ropa nació porque a las muchachas que veían o asistían a mis conciertos, les gustaba mi estilo. Pensé que sería una buena forma de impactar positivamente diseñar ropa decente y verte linda y cuchi. Fue una buena idea para sembrar amor en otros corazones".

El 10 % de lo que se consigue la joven cantante en ganancias es para ayudar a casas disqueras en Bolivia y centros de ayuda para personas de escasos recursos.

Ella siente, desde el fondo de su ser, que impactar a otras

personas se logra siendo auténtica. "Mi carrera en sicología me ha dado herramientas para conectar con personas de una en una, a través de la empatía, la compasión. Ser un instrumento de Dios".

Adiós a las quejas

De los errores que deben evitar una hispana en camino a su realización es la queja y la amargura. "No te quedes estancada en lo malo, más bien mira a tu alrededor todas las bendiciones que te hacen tener un corazón agradecido".

Esta boliviana se autodefine como soñadora y futurista. "Y aunque me faltan muchas cosas por alcanzar, tengo a Dios en el corazón y eso me hace ser una Hispana Realizada".

Entre cantar y predicar, prefiere cantar. Si pudiera tener un superpoder sería pausar el tiempo, y su mantra es "amar a Dios con todo el corazón y las fuerzas, y al prójimo como a ti mismo".

14

DIANA GRISALES

La belleza es el resultado de la armonía entre cuerpo, mente y espíritu

Lo único de lo que estaba segura Diana al llegar a los Estados Unidos era que quería ser feliz. No sabía hablar inglés, no conocía a nadie y tampoco tenía idea de qué haría para ganar dinero y echar raíces.

Se llama Diana Grisales, para presentarla como debe ser. Es colombiana, esteticista y cosmetóloga, y dueña de un spa. Su título universitario la certifica como enfermera, pero en este país los lapsos de espera y el montón de requisitos, no le permitían ejercer rápidamente.

Así que, a su llegada, hace ya once años, una persona le preguntó: ¿qué sabes hacer? Y ella sin pena alguna respondió: "sé salvar vidas y hacer masajes".

Comenzó su feliz oficio eliminando unas zonas gorditas del que recuerda como su primer cliente. Al mes, le faltaban manos para cubrir tanto trabajo.

Llegó directamente a Atlanta con sus dos hijos y dos maletas. "Estoy feliz, contenta y agradecida con todas las personas que han formado parte de mi vida. Empecé con un rodillo y un frasco de aceite de naranja. ¡Bendita primera oportunidad que Dios me brindaba!"

Pero así también empezaban los obstáculos, le asustaban con que llegaría la policía a inspeccionar porque no podía trabajar en su casa. Entonces se enfocó en investigar cómo hacer para usar su potencial a favor del nuevo porvenir que se avecinaba.

Se animó a sacar una licencia, luego otra. Hoy tiene Diana's Spa y sus paredes se caen de tantos títulos y especializaciones. Es ejemplo de perseverancia y de creer en sí misma.

El brillo viene de dentro

Para que la mujer se sienta bella deben sumarse el sentimiento interior con la actitud que lleva ante la vida. "En mi caso, trato de proyectar lo que soy capaz de hacer, aquello que quiero para los demás. Conforme yo me quiero ver, así quiero ver a los demás. Si yo quiero estar bien, así que estén quienes me rodean. La belleza va de la mano con la autoestima".

> "Trato de proyectar lo que soy capaz de hacer, aquello que quiero para los demás".

Diana reconoce que los estándares de belleza que venden las redes sociales, el cine y la televisión, han hecho daño. "Pero todo tiene solución y se trata de la seguridad en ti misma. No busques el rostro de las Kardashian, ni las pompas de JLo, ni la cintura de Thalía. Busca mejorar lo que tienes y siéntete hermosa por eso".

En años de trabajo, ha tenido la posibilidad de comparar a las hispanas y americanas. "Nosotras siempre queremos más".

La belleza interior es determinante para la exterior. Una persona que está feliz, completa espiritualmente, irradia belleza, paz, y eso se ve en una piel sana, por ejemplo. "La luminosidad del rostro depende mucho de cómo está nuestro hábito de consumo de agua".

Cuidado con los charlatanes

Hay muchas personas que se dicen expertas en cuidados de la piel, en temas de belleza, por ello es necesario identificar a charlatanes y no caer en manos poco o nada preparadas.

En toda profesión hay que tener honestidad y valores. No hay que ostentar mayores talentos para identificar cuando se trata de un mentiroso. Vea cómo le habla, cómo se comporta, tenga sentido común. Cuesta más caro un incompetente que un profesional. Es un camino que no se labra de la noche a la mañana. Se puede afectar el cuerpo desde un aparente sencillo masaje facial.

Diana siente que la mujer hispana no es para nada conforme. "Nos gusta ir por más. Somos bendecidas por ser hispanas. Pero debemos actuar de manera correcta, sin pasar por encima de nadie ni arrastrar a nadie".

Ser emprendedora tiene sus ventajas, pero ser empleada también las tiene. "Nunca me disgustó ser empleada porque me enseñó a ser emprendedora, aprendí a valorar a mis trabajadores, también sobre la responsabilidad que hay en mis hombros".

La estética sí funciona

Esta bella esteticista se siente plenamente una Hispana Realizada. Entre las cremas y masajes, y bisturí, confiesa que la cirugía es el camino más rápido para conseguir el objetivo. Pero se sabe experta y apuesta por tratamientos alternativos.

El tratamiento indispensable en el cuidado de la mujer es mantener buenos hábitos de salud la alimentación e hidratación. Todo parte desde el inicio.

Si pudiera tener un superpoder sería el poder de la convicción de creer en uno mismo. Si mantra es "querer es poder".

15

ELIZABETH SURATY
Un té servido desde el Ecuador

Estudiar dos años de medicina y luego haberse convertido en químico de profesión, le sirvieron a Elizabeth Suraty de telón de fondo para poner a funcionar su pasión: Producir té.

Es inmigrante ecuatoriana con fecha de entrada en el 2003. Aprendió inglés por obligación, emprendió por vocación y hoy disfruta sentada desde su sillón la vida que, sin duda, Dios le regaló como premio a tanto trabajo y dedicación.

"Llegué a vivir con una tía a New Jersey. Traía muchos sueños y especialmente trabajar cerca del área de la salud, para eso había estudiado".

Se mantuvo así por varios años. Trabajó en hospitales y farmacias, con un trajín de días que no le permitían desempeñar a cabalidad su rol de madre. "¿Quién busca a los niños, cuándo nos reunimos en familia?", eran preguntas frecuentes que llamaban a su conciencia.

Así que el concepto de emprendimiento se sirvió como plato tentador en su mesa.

Experimentos con tradición

Sus conocimientos de química y el amor por las hierbas, que por tanto tiempo ocuparon un lugar de honor en su familia, le llevaron a experimentar.

Un buen día visitó un mercado mexicano, compró unas cuantas hierbas y se dio el permiso de probar mezclas.

"Así nació *The Sabroso Chai*, mi empresa, en la cocina de mi casa, fue el primer paso de lo que todos conocen actualmente. Hice cálculos, mediciones químicas y fuimos probando al gusto de las personas".

Emprender en su propia casa, con un costal de conocimientos y una tradición familiar de años, le dio la flexibilidad a Elizabeth de estar más cerca de su familia, cumplir todos los roles adquiridos y además ser proveedora de dinero.

"Decidí intentar con el té porque ha sido vena familiar desde siempre. Es tradición con paso de generación a generación. Para todo malestar, dolencia, mal de amor, adelgazar o simplemente merendar, tomamos un té. Lo único malo es que siempre damos el crédito del té a otros países".

Esta ecuatoriana de visión exitosa supo identificar la oportunidad. "Me di cuenta de que podía iniciar un negocio rentable cuando di a probar las mezclas y a todos gustaron. Fue como una especie de estudio de mercado. Comprobé que funcionaba por el gusto de la gente".

Persistir y nunca desistir

Para Elizabeth no se hizo difícil lanzar el producto al mercado. Más bien, emprender en los Estados Unidos es una prueba de persistencia, un reto a no decaer y no cerrarse las puertas sino más bien, abrirse camino a fuerza de investigación, tenacidad y paciencia.

"No hay obstáculos, solo debemos seguir las reglas (muchas) para que el producto salga de la manera correcta. El tema sanitario es engorroso, pero necesario, porque se trata de consumo humano".

Elizabeth es importadora de té desde Ecuador y México. La Guayusa es su producto estrella, es hierba milenaria y producto de exportación únicamente en el país suramericano. Se cultiva en el altiplano luego que termina la cordillera de Los Andes; Es una planta usada por los indígenas como brebaje de la mañana. Es amarga, pero como se mezcla, baja su tono. En la población indígena, tomarlo es ritual a las tres o cuatro de la madrugada previo a la faena. La Guayusa es prima del mate argentino.

> "No hay obstáculos, solo debemos seguir las reglas para que el producto salga de la manera correcta".

Un Ecuador para mucho

Como mujer inmigrante, Elizabeth aprovecha sus raíces para echar adelante su emprendimiento. "Hablo español lo más que puedo. En Ecuador hay muchos productos que se pueden dar a conocer y no los estamos aprovechando. Exportamos camarón, la flor ecuatoriana es de alta calidad porque se mantiene viva más tiempo que otras, exportamos un café muy aromático, tenemos uno de los mejores cacaos del mundo, también banano, y para mi interés, la Guayusa".

Elizabeth quiso combinar culturas para dar nombre a su empresa: Sabroso por ser una palabra en español, que la define, que le da gusto al paladar; y Chai porque significa té. De ahí el lema de la organización "Una mezcla de culturas".

Es bueno para todo

De los objetivos que se buscan con el consumo del té, es posible destacar tres: calmar nervios, dar energía y desintoxicar el cuerpo.

Para calmar nervios, Elizabeth recomienda su mezcla Serenity, un té sin cafeína, con menta, eucalipto y limón que por lo general se toma antes de dormir.

En temas de aumentar la energía, es buena cualquier Guayusa, con una alta concentración de teína (cuatro veces más que una taza regular de café) y abundante en antioxidantes. Para desintoxicar, el más indicado es Wow Guayusa, ideal además para adelgazar.

La guayusa también se recomienda como bebida previa a la noche de bodas, porque es afrodisíaca y ayuda a la fertilidad. Tiene antioxidantes y aminoácidos que ayudan en el área reproductiva. También viene de una tradición milenaria, comprobada en los tiempos actuales.

"Mi producto se hace con amor, a todo corazón, nuestras mezclas son únicas de un negocio 100 % familiar. Por eso es diferente a cualquier otro del mercado".

Para hacerte de un empaque de The Sabroso Chai, lo puedes recibir por correo regular pidiéndolo a través de sus canales digitales y en una amplia zona de Atlanta, entregado directamente por Elizabeth.

Esta ecuatoriana se siente plenamente una Hispana Realizada. "Estoy en una etapa de mi vida sin preocupaciones, disfruto de mi familia, podría estar un día sin hacer nada, respiro tranquila, estoy en paz. He conseguido el sosiego. Pasé la etapa de la angustia por salir adelante".

Si le pides un consejo, no duda en ofrecerlo. "No desistan, pidan luz al Espíritu Santo. Todo pasa por algo, no hagan las cosas aceleradas, las carreras no llevan a ningún lado. El tiempo de Dios es perfecto".

Entre un té frío y uno caliente, prefiere el segundo. La Guayusa es la hierba que le da sabor a su vida. Y como filosofía de vida mantiene que para ganarse el respeto es necesario respetar el doble a la gente, especialmente a quienes te han ofendido. Se enseña con el ejemplo.

16

GILDA PEDRAZA

Un fondo económico para ayudar a los latinos

Gilda Peraza se vino desde España, donde estudiaba y trabajaba, a visitar a un amigo. Es peruana, pero había emigrado hacia Europa buscando nuevos horizontes y oportunidades. Han pasado 20 años desde entonces, cuando ese amigo se convirtió en novio y luego en esposo. El amor la sembró en suelo americano.

En su natal Perú trabajó en relaciones exteriores en el aeropuerto, pero quedó impactada cuando lo más cerca que llegó a ejercer en los Estados Unidos fue como anfitriona de un hotel a no más de 6 dólares la hora.

Los obstáculos se presentaron a lo externo y a lo interno. Todavía recuerda cómo de solo mirar su estampa latina, había quienes sacaban conclusiones sobre ella y su impacto en la sociedad norteamericana. "Me veían y generalizaban. Sacaban conclusiones sobre mí sin siquiera conocerme. Cuando llegué también había mucho machismo. Dirigí una organización sin fines de lucro y me hicieron gestos feos por no tratarse de un hombre. También me han visto como la niñera de mi hija o como la mesera de mi propia organización, solo por mi raza".

A lo interno, Gigi, como la conocen sus afectos cercanos,

también superó diversos desafíos. "Por mucho tiempo pensé que el liderazgo no era para mí. Siempre fui buena para ayudar a otros, pero sé del poder que tenemos dentro de nosotros mismos, y eso tardé un tiempo en darme cuenta".

Gilda creó el *Latino Community Fund Georgia* (Fondo Latino Comunitario de Georgia), cuya misión es ayudar, empujar e incentivar a los pequeños emprendimientos hispanos en Atlanta, Georgia.

Nació el Fondo Latino Comunitario de Georgia

Con el paso del tiempo, Gilda y algunos allegados se dieron cuenta de que había mucho por hacer por la comunidad latina en Atlanta, que pequeñas organizaciones eran desconocidas y estaban haciendo cosas importantes, pero necesitaban apoyo.

"Así que nos unimos varios, para aportar dinero y empezar a ayudar a quienes trabajaran con derecho comunitario, participación cívica, desarrollo de emprendimientos, entre otros. Creamos el Fondo Latino Comunitario, un tipo de organización que existe en muchas ciudades y se convierte en una especie de empuje tras bastidores de las más pequeñas. Al año y medio de la idea, conseguimos 11 personas dispuestas a donar 1.000 dólares al año cada una, cuyo compromiso era que el 100 % de las donaciones se harían a la comunidad hispana. Cuatro años más tarde, el presupuesto anual es de más de 1,5 millones de dólares. Los 11 del principio son ahora 32. Lo que se traduce en una asignación de más de 2 millones de dólares en lo que llevamos trabajando".

> "El FLC tiene como misión ayudar, empujar e incentivar a pequeños emprendedores".

No todos, pero sí muchos

Para las hispanas hay oportunidades de optar por el apoyo del fondo latino. "Hemos hecho estudios sobre las necesidades de las hispanas y sus emprendimientos, y nos dimos cuenta de que hay muchas jóvenes que ya están en una actividad comercial, pero sin la educación formal".

Por ello, el LCF dicta dos cursos de dos días al año donde enseña todo, desde el conocimiento de los procesos hasta el estudio del mercado y finanzas. Se dicta en inglés y español, y se entrega certificado.

"También damos becas para emprendedores que necesiten acelerar procesos. Todo para negocios de menos de 100 mil dólares porque el enfoque es de microemprendimientos. Cuando son un poco más grandes, trabajamos de la mano con la Cámara de Comercio Hispana y con la Asociación Latinoamericana. Desarrollamos líderes todo el tiempo y el equipo lo conforman muchas mujeres de la comunidad hispana", cuenta Gigi.

Todos somos influyentes

Gilda ha ganado premios y reconocimientos durante su trabajo en el Fondo Latino. Pero aun cuando los agradece, se siente incómoda. "Hay tanta gente que hace tanto o más por la comunidad latina, mucho más de lo que yo he hecho. Todos somos influyentes, importantes. Trato siempre de llamar la atención diciéndole al país: los inmigrantes estamos aquí y hacemos un excelente trabajo. Sin complejo, me pongo mi camiseta que dice: Inmigrante".

Reconoce que falta mucho por hacer. Los retos y las necesidades siguen estando a la orden del día y uno de ellos es la segregación "Deberíamos crear espacios de solidaridad en el que todos aprendamos y entendamos. No nos damos cuenta del poder que tenemos nosotras mismas. Si no tuviéramos poder, no habría personas tratando de quitarnos nuestros espacios de participación. Es hora de usar lo que tenemos".

Hacer lo mejor que puedes

La peruana define el éxito como "saber que hice lo mejor que pude, que lo di todo, que le puse garra". Su principal fuente de inspiración es su abuela, quien ya no está en la Tierra. "Era fantástica. Tercera de 12 hermanos. Salía a defender a todos, especialmente a su familia. Me enseñó a valorarme, a bailar vals y a tomar champagne, entre muchas cosas más".

Su fortaleza más grande son la persistencia y la curiosidad. Si tuviera un superpoder sería estar en dos lugares a la vez, y su mantra es: Lo que hagas, que sea lo mejor que puedas. Todos tenemos un rol, somos un ángel para alguien más.

HEIDY GUZMÁN
Transforma lo que te golpea en una oportunidad

Inimaginable lo que puedes conseguir al convertir una depresión, un problema o una situación adversa, en una oportunidad de trabajo, una ventana al éxito y hasta una forma de vivir.

Fue lo que exactamente hizo la inteligente Heidy Guzmán, una sicóloga clínica que llegó a los Estados Unidos con una carrera y una especialización encima, pero se dio contra la pared de no poder ejercer, al menos de momento.

Heidy es colombiana, barranquillera, se crio entre Estados Unidos y Colombia. Aquí terminó su preparatoria y regresó a su país por 10 años a estudiar sicología y maestría en sicología clínica. Decidió emigrar definitivamente con el propósito de estar cerca de sus padres y echó raíces desde el 2012.

"Manejar el desarraigo fue muy duro pero significativo. Fue un impacto llegar y no poder trabajar. Debía comenzar de nuevo y cursar un doctorado. Llegué a pensar que era depresión lo que sentía. Bajé de peso, no comía ni dormía bien. Empecé a investigar sobre las transiciones de vida y me fijé que hay algo que se llama el duelo migratorio y su impacto en la vida de las personas. Eso sufría", confiesa.

Empezó a estudiar e investigar al respecto, lo cual motivó la génesis de su carrera en este país.

Ella no quería ser una carga para sus padres por no tener trabajo. Así que se activó en un trabajo de orientación y desarrollo comunitario, de la mano con organizaciones de diversidad cultural, la Asociación Latinoamericana, pero siempre con el deseo latente de volver a la sicología. En ese período de 12 años se casó, tuvo hijos, participó en campañas nacionales, pero seguían latentes las ganas de regresar a lo suyo.

Tocó hacer una pausa, regresó a la universidad y debía acumular tres años de horas clínicas para poder licenciarse.

Pasaron 16 años desde su llegada y aún no había podido dedicarse plenamente a su carrera. "Cuando algo es inescapable, que llama a tu ser, debes hacer lo que tengas que hacer. Estoy llamada a servir a nivel terapéutico y con ese tipo de impacto social. A veces hay que bajarse un poco para poder subir".

> "Estoy llamada a servir a nivel terapéutico y para este tipo de impacto social".

Actualmente su práctica profesional está fundamentada en evaluaciones sicológicas para inmigraciones, trabaja de la mano con abogados y también es cofundadora del programa Ecco Terapia, dedicado a la consejería y coaching online, en español y en cualquier momento.

El duelo y el choque cultural

La diferencia entre el duelo migratorio y el choque cultural, es que el primero es un estado anímico de tristeza, desesperanza, de llegar a un país nuevo y ver que las cosas no te dan. La teoría refiere que son varios duelos los que se padecen (por territorio, cultura, idioma, familia, trabajo, estatus social, entre otros), los cuales nos afectan en diferentes medidas. Aparecen por la frustración del sueño migratorio generalmente durante los dos primeros años, porque todos salimos de nuestro país con la intención de hacer algo. Lo importante es que sí se supera.

El choque cultural es el impacto que te causa lo que consigues en el lugar donde llegas.

Con las expectativas claras

Un consejo que ofrece Heidy a quienes desean emigrar o a quienes ya lo han hecho, es tener las expectativas claras y saber qué logros quieres alcanzar. Siempre habrá incertidumbre, y permanecerá el factor sorpresa.

"Mientras más nos preparemos profesional y emocionalmente, mejor capacitadas estaremos para aguantar los golpes que te pueda dar la vida. Son momentos temporales. Todo es aprendizaje".

Cree que las fortalezas del inmigrante son el coraje, el valor y la determinación de dejarlo todo y venir a un país desconocido. "Desde el que vende su gallina y su marrano para comprar el cupo en una balsa, hasta el que deja trabajo, apartamento y carro para montarse en un avión. No hay diferencia, ambos están dejando su todo".

En el caso de las mujeres, tenemos en común las ganas de dar lo mejor de nosotras mismas, llenas de alegría y entusiasmo, con la gran misión de iluminar el camino de otros.

Situaciones inéditas

El 2020 estuvo marcado con línea gruesa por la imprevista situación de una pandemia. ¿Cómo enfrentar desafíos tan inesperados? "No lo vamos a saber hasta que no lo estemos viviendo. La psiquis pasa por ciclos, es increíble como lo está viviendo la humanidad. Si logramos sobrevivir como humanidad, que sin duda lo haremos, lograremos lo mismo en nuestras propias pandemias de vida. Aunque el mundo se estremezca, nuestra misión es seguir. Son momentos perfectos para retomar proyectos internos".

En los medios

Esta psicóloga inició su programa por Facebook Live, el cual sube a YouTube. Se llama Mentes migrantes.

Su objetivo es informar a la gente sobre todo el aspecto legal y sicológico, qué pasa con la ley para inmigrantes, cómo conectarse con los servicios, lo cual ayuda en el camino hacia la ciudadanía americana.

Heidy se siente una Hispana Realizada no necesariamente por la cantidad de títulos y diplomas obtenidos, sino por estar y ser luz para otros.

Si pudiera tener un superpoder sería ser más paciente. Un sueño que le falta por cumplir: el doctorado, porque solo hizo un año. Su mantra es "hay que ser feliz".

Veo hacia atrás y me parece increíble todo cuanto he logrado y superado.

18

KENIA PINEDA
Servir significa alegría de vivir

Hondureña de nacimiento, profesional universitaria, su madre trabajaba con Naciones Unidas, con quién aprendió a identificar a aquellas personas susceptibles y necesitadas y con quién hacía labores sociales desde los once años. Es Kenia Pineda, una inmigrante que llega a los Estados Unidos después de dos viajes previos, cuyo objetivo era turístico sin ánimos de quedarse.

Su tercer viaje, por asuntos de trabajo, la dejó plantada en este país. "Había terminado mi asignación y me vi aquí, sin familia, ni amigos y sin saber qué hacer".

Fue entonces cuando decide ordenar su vida enfocada en lo que conocía y sabía hacer: trabajar en labores de acompañamiento social. Adaptarse a otra cultura representó todo un desafío, un idioma diferente, personas con otra idiosincrasia, todo a lo que enfrentan los inmigrantes que abandonan sus tierras para establecerse en otros países. No obstante, cuenta Kenia que debió concentrarse y procesarlo, para aceptar que una vez allí y habiendo elegido el reto de quedarse, tenía que buscar las herramientas necesarias para comenzar a trabajar.

Es la creadora de la Fundación Chiquillos, orientada a atender necesidades de niños y niñas en situación de vulnerabilidad, tanto en este país como en el suyo.

Retos transformados en fundación

Siendo profesional, no podía validar su título en Norteamérica. Aparecieron la frustración, el llanto y el lamento. Sin embargo, apoyada por su abuelo, decidió comenzar desde cero e inscribirse en la universidad para volver a estudiar y además mejorar el inglés, aun cuando venía estudiándolo desde los once años. Trajo Kenia consigo un valor entre los demás valores que la acompañan: la solidaridad. Ayudar al prójimo, contribuir con el crecimiento de la sociedad, a través del amor, el respeto, tolerancia, así como el servicio a los demás, fueron condimentos que aderezaron su nueva motivación.

Trabajó con organizaciones sin ánimos de lucro, con dinámica similar a cualquier empresa comercial. Pero llegaron los cambios y tocó modificar el rumbo.

Pronto creó la Fundación Chiquillos, emprendimiento que lanzó en solitario en atención a sus hijos pequeños a quienes llamaba cariñosamente chiquillos.

Esta organización recibe fondos de terceros en forma de donaciones, lo que la obliga a ser muy celosa con la administración de los fondos por lo delicado del asunto. Allí hace el trabajo personalmente, con el propósito de garantizar que las personas que están recibiendo la donación o el objeto de su necesidad, realmente lo reciban. Trabaja con muchos voluntarios, que no devengan ningún salario.

El conocimiento como soporte

Culminó estudios de administración de empresas, complementándolo con un curso profesional de etiqueta y protocolo, todo con miras a apoyar la gestión de su fundación y sabiendo la necesidad de mejorar el trato interpersonal.

Alcanzó conocimientos que contribuyeron a apalancar la labor primaria que mantenía Kenia. Fueron cuatro años de grandes desafíos, dedicando mucho a sus estudios, sacrificando el tiempo de sus pequeños hijos, los amigos y familiares, y teniendo que abandonar incluso algunos empleos por no disponer de tiempo. Pero valió la pena hacerlo, vistos los resultados hasta el momento.

Kenia tiene una particular visión sobre la vida y cuando se trata de inmigrantes, aconseja tener claridad en los objetivos a plantear para el logro, aunque en ocasiones haya tristeza, frustración y llanto. Haciendo un poco de visión, Kenia se ve con su proyecto de la Fundación Chiquillos ya consolidado, manteniendo el programa de atención a los niños, futuro de la sociedad y ampliando sus servicios a los ancianos, quienes precisan mucha ayuda. No cabe duda que esta hondureña es una Hispana Realizada, su inspiración es digna de seguir como ejemplo de éxito para aquellas inmigrantes que deseen establecerse en los EE. UU.

19

LALA HERRERA
Ser mejor esposa de la mano de Dios

Lala Herrera es una mujer como muchas y como pocas al mismo tiempo. Nos unen coincidencias generales como la experiencia migratoria, el proceso de adaptación a un nuevo país y la lucha cotidiana por ser mejor esposa y buena gerente de hogar. Pero en ella resaltan atributos que no en todas es posible encontrar: Su fe la sostiene.

Es colombiana, comunicadora, locutora de radio y escritora. Gracias a su diario digital *Diario para esposas jóvenes*, logró editar su primer libro con el mismo nombre y es ahora fuente de consulta y seguimiento de miles de mujeres en todo el mundo. "Llegar a este país fue muy curioso, me trajo el amor", recuerda.

Siendo aún muy joven, en su país natal, trabajaba como analista de costos empresariales cuando fue diagnosticada con una enfermedad que la tumbó a la cama un año y la mantuvo sin salir de casa tres más. "Perdí mis capacidades, me ayudaban a bañarme".

Pasó el tiempo y fue, progresivamente, recuperando su salud. Aprendió a comunicarse por lenguaje de señas para colaborar en una iglesia donde asistía y eso la llevó a ser intérprete en entrevistas. Así comenzó una nueva etapa en su vida.

Gracias a la iglesia y a la música, conoció a quien hoy es su esposo, pero para aquel entonces, él vivía en Miami y ella en Colombia. Así que el amor a distancia se mantuvo con comunicación constante y un principio común llamado Dios.

Fue momento de tomar decisiones y la balanza se inclinó hacia los Estados Unidos, sueño que duró apenas un año, ya que en Lala apareció un pequeño tumor que debió atender nuevamente. Duraron un año sin verse y cuando se reencontraron, Lala, físicamente parecía otra persona. Dios había hecho un milagro en ella y cuando se bajó del avión, por poco, su amor, no le reconoció.

> "Ser inmigrante es solo una plataforma para desarrollar otras habilidades".

"A cinco horas de mi llegada, estábamos saliendo de una corte casados. ¡Parece inexplicable! Pero sucedió. Incluso, en las fotos salgo hasta con la ropa que traía en el viaje".

Una oportunidad de desarrollo

Esta inspiradora colombiana, conversadora, elocuente y de sonrisa permanente, no cree que los obstáculos propios de mudarte de país la hayan desmotivado ni preocupado demasiado. "Ser inmigrante es solo una plataforma para desarrollar otras habilidades y descubrir qué tan buena puedes ser. Antes de venir, me preparé en todo tipo de oficio, peluquería, uñas, estaba dispuesta a hacer lo que fuera, comenzar desde bien abajo. Me decían que a las latinas nos va duro y tenemos que hacer lo que sea".

Durante sus primeros tres años en los Estados Unidos tuvo

la oportunidad de trabajar a distancia para una empresa en Colombia.

El diario de una esposa

La bendición de haber logrado un libro viene a completar un sueño que se fue gestando en el tiempo. Siempre había sido de escribir diarios y se inspiró a redactar uno con su experiencia matrimonial.

"Nuestros dos primeros años de casados fueron terribles, ser inmigrantes implicó adaptación. Tenía una visa de visitante y debía estar cuatro meses en Colombia y cuatro meses acá, así que me sentía soltera y casada con mucha frecuencia".

Decidió creerle a Dios por sobre todas las cosas y así llevar un estilo de vida sano espiritualmente. Le pedía ser buena esposa, encajar, sentía que el problema era él y Dios le reveló que el problema era su visión. "Me mostró cómo ser mejor esposa. Empecé a escribir en una cuenta de Instagram y jamás imaginé que se fueran a sumar tantas personas. Muchas jóvenes inmigrantes se sintieron identificadas".

Una amiga escritora mostró el proyecto a una editorial grande en una gran feria de libros llamada Expolit, donde relativamente la conocían, y decidieron convertir sus relatos en libro. "No solo eran experiencias mías, sino recopiladas en la misma comunidad virtual, las cuales siempre tienen las mismas respuestas y es que en Jesús están todas las respuestas".

El libro se imprimió sin que Lala tuviera un estatus migratorio en los Estados Unidos. "Descubrí que mi ciudadanía no es americana ni colombiana, sino del Reino. Nunca me he sentido menos por el lugar de donde vengo, nunca permitiré que alguien me diga que un papel me define.

Las trabas están en nuestra mente. Dios nos sorprende siempre".

Matrimonio de tres integrantes

"Los hombres y mujeres no están hechos para estar juntos, porque somos tan diferentes, que obligatoriamente se genera fricción. Así que, si no estamos dispuestos a rendir parte de nuestra forma de ser, Dios no podrá moldearnos el uno para el otro. Un matrimonio donde solo están hombre y mujer abundará el conflicto, porque cada quien luchará con su poder. El punto de equilibrio está en Dios. Y mujeres, no tenemos la capacidad para cambiar al otro; tener una vida de pelea es muy desgastante. Dios nos ayuda a encajar el uno con el otro".

No hay matrimonio que no tenga solución ni un matrimonio que no pueda estar mejor. Por ello, el primer paso para restaurar un matrimonio es reconocer que estamos mal y si estamos bien, entender que podemos estar mejor. La vida siempre está en constante movimiento, Dios tiene niveles altísimos de amor, pasión, ternura, comprensión a los que podemos aspirar.

La solución de los problemas está en Dios, pero antes de tratar de cambiar al otro, debemos trabajar en nosotras mismas. Somos muy hábiles para decir "es que él", y a veces vemos el defecto en el otro sin darnos cuenta de nuestras ganas de controlar y ser víctimas. Es necesario empezar a trabajar en algo diferente.

Si a ese panorama le agregas la experiencia migratoria, las cosas pueden ser un poco más difíciles. "Ser inmigrante trae caos, transformación y crecimiento, y crecer duele. Lo mejor para mantener la paz y el equilibrio es promover la comunicación, entendiendo que habrá momentos de silencio y dolor; la idea es descansar en el Señor. No podemos halarnos de los cabellos, debemos entender que nuestros esposos también están preocupados y hasta frustrados. No nos recarguemos más de lo que ya implica ser inmigrantes".

Tener un matrimonio estable influye mucho en la realización como mujer, porque, al menos en Lala, es prioridad. Su trabajo no está por encima de la institución familiar, ni siquiera los compromisos de la iglesia, el libro o cualquier otra cosa derrumba ese lugar. "Mi tiempo está organizado en función de estar juntos, somos intencionales en procurar tiempo de calidad. A mí me puede reemplazar cualquier locutor, o cualquier profesional de mi área, pero no otra esposa".

En su mente se siguen gestando sueños y uno de ellos es tener hijos. "Me veo en cinco años predicando en más lugares y con hijos para que la familia crezca. Quiero seguir diciendo a todos que sí hay esperanza, Dios siempre tiene la respuesta".

Cree firmemente que el secreto para ser buena esposa se esconde en la sonrisa, que toda compañía mejora con amor y que su mantra le acompaña desde muy joven: En donde sea que estés, sé un mensaje. El Evangelio se vive en cómo nos vemos, muestra a Jesús en tu cotidianidad.

20

LÉDIF TORRES

La autotransformación es la ruta hacia la plena realización

Una vez confirmado el embarazo de su segunda hija, Lédif Torres tomó una decisión trascendental: salir de su Venezuela natal junto a su esposo y su primera hija de dos años. "Dejamos nuestro país debido a la difícil situación que se vive allá. Buscamos y analizamos opciones diferentes, pero la vida se encargó de mostrarnos cuál sería nuestro destino y de esa manera llegamos a los Estados Unidos".

Su llegada estuvo signada por experiencias difíciles e inolvidables. "Lloré desconsolada al verme con mi hija abrazada a mis piernas y yo con una barriga de seis meses de embarazo, en un apartamento completamente vacío, mi esposo había salido a buscar unos muebles que nos habían regalado. Fue un golpe duro de mi nueva realidad, caí en cuenta, no vine de vacaciones, dejamos muchas cosas atrás cuando partimos de Venezuela. Hice una oración para llenarme de fe, tranquilizarme y pedir a Dios me diera la fuerza para seguir adelante".

Y lo ha logrado. En el presente dirige una comunidad de mujeres que se conectan, se ayudan, se apoyan. Se unen para crecer en torno a un emprendimiento denominado Soy un Cerezo.

Construcción de un legado familiar

Lédif evidencia una fortaleza espiritual que se combina con un optimismo natural. En su nueva realidad, como la llama, le ha tocado desempeñar varios roles, principalmente el de la mujer que es esposa y madre trabajadora incansable, empeñada en dejar un legado a sus hijas y a sus descendientes.

> "Hice una oración para llenarme de fe, tranquilizarme y pedir a Dios me diera fuerzas".

"Estoy decidida, a costa de lo que sea, a construir un legado familiar, más fuerte, más transparente que el que recibimos mi esposo y yo. Mi infancia estuvo marcada por situaciones difíciles generadas por actitudes, comportamientos y reacciones de mis padres, de los que posteriormente comprendí eran consecuencias de la vida que ellos tuvieron cuando eran niños y jóvenes y ello me ayudó a entender que no debía juzgarlos, pero sí aprender".

Cuenta que después de llorar desconsolada en su apartamento vacío, llena de fe y optimismo, decretó que a partir de ese día comenzaría su trabajo para construir el legado para sus hijas. "Para adelante, hoy comienzo a escribir con conciencia el resto de mi vida y lo que será el titular de la historia familiar que van a heredar mis hijas y sus descendientes"

Inmigrantes llenos de retos

Lédif admite que le ha tocado enfrentar muchos obstáculos: la cultura, el idioma, la comida, la forma de vida, todo es muy diferente. "El reto más grande fue el de redescubrirme en soledad, alejada de la familia. Después del nacimiento de mi segunda hija tomé consciencia que ya no era la misma persona y debía aceptarme como la que ahora era. Ese camino de autodescubrimiento de mí misma, en soledad, fue muy doloroso".

Manifiesta que la mujer tiene un fuerte poder de transformación, magia de cambiar todo lo que no sea amor en amor.

Un emprendimiento con nombre de cerezo

Soy un Cerezo es un emprendimiento que se gestó como idea en 2010, en medio de una situación familiar bien complicada. "Surgió de un entrenamiento de un arte espiritual que viene de Japón, en una de sus revistas estaba plasmado un mensaje que asumí completamente y me ayudó a cambiar la vida. El texto del mensaje decía lo siguiente: solo porque los ciruelos y los cerezos han soportado los vientos otoñales y las tormentas de nieve, pueden florecer en primavera y sus flores compiten en belleza y resplandecientes a la luz del Sol".

Lédif explica que cualquier situación dolorosa o difícil que se enfrente, representa una tormenta de nieve o un viento otoñal y se debe recordar que después vienen períodos de calma que semejan una primavera que ayuda a florecer.

"Yo soy un cerezo es una comunidad en constante proceso de transformación, comenzó como una escuela de madres y padres, porque me he trazado como meta lograr que la crianza de los niños y su educación sea 100 % dirigida por el respeto, sin amenazas, sin castigos, sin pegar, sin gritos, sin humillaciones. Nuestros padres pensaban que era necesario, ahora se conocen estudios científicos, libros, artículos, que demuestran todo lo contrario".

Esta venezolana se preparó académicamente, se especializó en lactancia materna en una universidad venezolana y posteriormente se convirtió en promotora y consultora de crianza respetuosa. Asimismo, investigó sobre los métodos de educación de infantes.

"Todo lo hice porque si bien en mi casa no me maltrataban físicamente, mis padres eran muy duros con las palabras. Ya adulta y con mis estudios, pude comprender que el problema del comportamiento de mis padres conmigo no era porque no me quisieran, sino que ellos llevaban consigo heridas emocionales muy graves que no sabían que tenían".

Soy un Cerezo como emprendimiento, comenzó con cursos de lactancia materna y postparto, pero en paralelo Lédif se preparó como entrenadora y ayudaba al personal de una organización a adquirir las competencias que les permitieran lograr ascensos en su carrera dentro de la organización. "Actualmente, Soy un Cerezo se ha convertido en un espacio de encuentro, donde las mujeres vienen a entrenarse, para aprender a transformar la competencia en colaboración, a ofrecer lo que tienen para dar, escucharnos, compartir aprendizajes".

Como directora de una escuela de mujeres considera que para la hispana inmigrante es fundamental el reconocimiento de sí misma, sus potencialidades, trabajar mucho en el amor propio, que por herencia cultural hace a la mujer latina dependiente, aprender que sí tienen capacidades que hay que reconocer y potenciar.

Su frase favorita para referirse a *Soy un Cerezo* y su comunidad es un "Imperio Educativo para Mujeres" cuya finalidad es enseñarles a tener confianza, seguridad y tranquilidad. Su mantra es "transformo todo aquello que no sea amor en amor". A la mujer latina inmigrante recomienda "recuerda que no estás sola, siempre hay cerca de nosotros personas que pueden ayudarte, darte una mano y animarte. Solo tienes que pedirlo".

21

LOURDES MOSCOSO
Levantarse es obligatorio, quedarse no es opción

Hoy sonríe de contento, pero ayer lloró. Lourdes Moscoso mira hacia el futuro, pero sustentada en cimientos de un pasado lleno de sacrificios, trabajo firme y sueños que en el pasar de los años se han hecho realidad.

Esta peruana llegó a los Estados Unidos en el año 2002. "Nunca pensé quedarme tanto tiempo, venía por un año". Pero el panorama se le dibujó de colores y decidió probar. Así que durante un tiempo guardó en una gaveta sus conocimientos como administradora de empresas, para trabajar como niñera, mesera y reinventar el rumbo de su vida.

"Cuidé niños de 7:00 de la mañana a 4:00 de la tarde, a las 4:30 entraba en un turno como mesera hasta las 11:00 de la noche, incluso los domingos, no había tiempo para perder, tenía mucho por pagar", cuenta Lourdes sentada desde la comodidad de un sillón instalado en su empresa propia de Bienes Raíces: Moscoso y Asociados.

Llegó a sus oídos la recomendación de una persona que prestaba dinero para comprar casas y trabajar con él, pero como pagaban por comisión, debía en su empleo como mesera. "Tuve momentos críticos por dinero, pero seguí adelante. Lloraba, pero seguía".

Buenos mentores de camino

Sola no hubiera podido avanzar a ritmo de éxito. "Tuve buenos mentores en el camino que me enseñaron cómo era el negocio de los préstamos. Un coreano, un africano, fueron grandes orientadores".

> "Vivía muy limitada. Miro hacia atrás y digo ¡Wow!, cuánto he superado".

En el año 2005 una amiga le presentó la opción de sacar su licencia de agente de bienes raíces y con ella obtener buena rentabilidad de la inversión. "El curso costaba 600 dólares y yo decía, ¡de dónde sacaré el dinero! Vivía muy limitada por los compromisos adquiridos. El primer curso no lo pasé, volví a pagar hasta que lo logré. Miro hacia atrás y digo ¡Wow!, cuánto he superado".

Si voltea hacia el pasado, le diría a esa Lourdes del 2002 que cuando el tiempo se le ponga difícil, siempre habrá un mañana de luz y calma. Si estás abajo, en el suelo, debes levantarte porque lo que viene es muy bonito. "La clave está en perseverar y sacrificar algunas cosas. Por ejemplo, en mi caso quise ir muchas veces a ver a mi familia, pero necesitaba seguir reuniendo dinero".

Confiesa que en su camino de realización son muchas las personas que admira, pero en primer lugar sitúa a sus padres, ejemplos de ímpetu trabajador, "grandes pilares". Luego de llegar a este país, la motivación ha sido fundamental y la consiguió de la mano de Anthony Robbins y Mercedes Guzmán, apoyos fundamentales. Finalmente, su esposo Carlos, llave y aliado para crecer.

Aspira lo mejor

Ya pasados años desde su llegada, la peruana, no mezquina consejo alguno fundado en su experiencia. "A toda inmigrante le digo: trabajen, aprendan inglés, aunque no les guste, busquen su felicidad en la pasión que las mueve al punto que no sientan peso en el trabajo. Pregúntale a Dios qué quiere para ti, tú puedes. Aspira lo mejor".

Si pudiera regresar el tiempo, reconoce que aprendería mejor el idioma.

Y entretanto, es agradecida. "A este país le agradezco las oportunidades. Primero de hacerme profesional, luego de ayudarme a levantar cuando lo perdí todo. Si trabajas duro, lograrás todo cuanto quieras".

Ahora bien, si lo que deseas es dedicarte al negocio de la venta de inmuebles, entonces los consejos son: nunca olvides que se trata de un servicio, donde te involucras con el cliente para ayudarlo a comprar su casa; mantén la vocación y aconseja integralmente sobre crédito, finanzas, impuestos; finalmente, no te rindas, sigue estudiando porque es una hermosa carrera y hay mercado para todos.

Lourdes se siente plena y realizada. Lo asegura entre risas y aplausos. "Debemos inspirar siempre, reinventarnos, mejorar como persona integralmente".

Su mejor táctica de ventas es la honestidad, hablar claro al cliente. La frase de motivación favorita es "siempre hay un nuevo amanecer", si pudiera tener un superpoder sería ver el futuro y su mantra es "Todo es posible, lo imposible es lo que no haces".

22

MARÍA ALEJANDRA BASTIDAS

Es el momento de darle más a esa comunidad que tanto me ha dado

Avasallante, segura y aplomada. Así es ella frente a la cámara. Te habla a ti y a mí con un dominio que intimida. Es María Alejandra Bastidas, una comunicadora venezolana que desarrolla su valor profesional en Mundo Hispánico como vicepresidenta de contenidos digitales.

Llegó hace 20 años con la intención de estudiar inglés y a la vez huir un poco del panorama político que se dibujaba en Venezuela. Se dijo: si me va bien me quedo, de no ser así, me devuelvo. Y ya han pasado unos cuantos años. Solo ha regresado de vacaciones.

"La mujer debe seguir levantando la mano para pedir sus espacios".

Estudiando inglés conoció a su esposo, también estudiante de su curso. Y comenzó su proceso migratorio que es una de las principales barreras que enfrentan las hispanas.

Hablando de desafíos profesionales para las periodistas inmigrantes, reconoce que en el mundo corporativo "todavía tenemos muchas batallas por librar. Seguimos siendo trabajadoras con pagos inferiores con respecto a los hombres, todavía tenemos que abrirnos camino a codazos para demostrar que estamos a la altura de cualquier líder o profesional. La mujer debe seguir levantando la mano para pedir sus espacios".

Un crecimiento sostenido

Pararte 20 años después de haberte bajado de aquel avión, mirar hacia atrás y tener la fuerza de seguir adelante con una sonrisa de satisfacción, implica tesón, disciplina y capacidad de transformación.

"Entré como freelancer a Mundo Hispánico. Si me pagaban una nota a la semana, eso era lo que ganaba en dinero. Y yo feliz, porque para mí, ejercer profesionalmente lo era todo. Ya luego me contrataron como periodista comunitaria y poco a poco fui escalando. Por mis habilidades de liderazgo, tuve la oportunidad de coordinar ediciones especiales del periódico, también editar revistas, fui demostrando lo que podía hacer. Me ofrecía para proyectos, aunque eso implicara más trabajo con el mismo salario. Trataba siempre de dar la milla extra".

Siempre estuvo consciente de que la posición, el dinero y las oportunidades llegarían, pero al principio fue necesario sacrificar algunas cosas. Toca dejarle saber al mundo que eres capaz.

Falta mucho por contar

María Alejandra ha hecho muchas notas comunitarias, siempre de la mano con los latinos. Los mejores relatos son los que llegan al corazón, esos en los que la gente cuenta su historia.

"Recuerdo una impactante donde una madre mandó a sus dos hijos por carro a pasar la frontera desde México para que su papá los recibiera del lado de Estados Unidos. Ella pasaría a pie y nunca llegó. Conocí al señor, ahora como papá soltero de dos niños que apenas conocía. El periodismo me ha dado la oportunidad de acercarme mucho a la gente".

Quiere contar historias de éxito. En este país hay miles de latinos que lo están logrando. Cree que la razón es por el hambre de éxito que traen.

Sobre las nuevas periodistas

"Creo que este mundo se está transformando. A todos nos ha tocado cambiar al ritmo acelerado del mundo, implementando nuevas herramientas. Mi recomendación es comenzar haciendo lo que les gusta en sus mismas redes. Si te gusta el periodismo, sal a reportar. Y que yo cuando te vaya a dar empleo con tu hoja de vida en las manos, pueda ver de lo que eres capaz con mis propios ojos".

Si tuviera que volver a su país natal, se llevaría de los Estados Unidos el valor y la fuerza que tiene el mundo laboral. "Este ritmo nos haría mucho bien. En este país no hay festivos a cada rato, no paramos, por eso tenemos una mejor posición económica que muchos países del mundo".

Otra cosa buena es que aquí la gente se especializa en áreas, mientras que en Latinoamérica puede suceder que sabes de muchas cosas sin ser especialista de un área en particular.

No lo vuelve a hacer

Un error cometido durante sus primeros años como inmigrante le costó parte de su tranquilidad y posibilidad de descanso. "Una empresa de comunicaciones me dio la visa de trabajo y de alguna manera me atraparon, queriendo hacer conmigo lo que querían. Estuve así por tres años. Lo bueno fue que hice muchos contactos y se abrieron nuevas puertas. Tal vez hubiera tenido que decir que no mucho antes, porque igual las cosas se fueron solucionando".

Sus sueños a futuro cercano son un encanto e inspiración. "Llegó el momento de darle más a esa comunidad que tanto me ha dado a mí. También estoy desarrollando mi marca personal, ando en la onda de enseñar, de compartir, motivar, dar charlas. Siento que llegué donde quería y ahora es el momento de dar".

Se siente absolutamente una Hispana Realizada.

Si le preguntas si extraña el papel periódico, no demuestra nostalgia ni ganas de volver en el tiempo. "Me voy con lo nuevo, con el cambio. No lo extraño, pero sí me gusta la transformación. Ahora es la audiencia la que te dice qué quiere leer".

Si pudiera tener un superpoder sería teletransportarse para estar más rápido en muchos sitios. Su mantra es "hay que elegir más progreso que perfección".

23

MARÍA FERNANDA CASCO

Apoyar lo exclusivo de lo hecho a mano

Su risa tímida y buena disposición para conversar, son el sello que salta a la vista cuando se abre la casilla de videoconferencia con María Fernanda Casco, una argentina con más de 15 años en los Estados Unidos.

El impacto de cambiar de país la hizo salir de su zona de confort. "La mente y el corazón se pusieron alertas para recibir y enfrentar todo lo que venía. No lo teníamos pensado, se dio la oportunidad, pero lo conversamos con los hijos y tomamos la decisión de emigrar".

Llegaron primero a Miami por el traslado de trabajo de su esposo, y ella, al verse sin su rol profesional como Analista de Sistemas, debió dedicarse a sus dos hijos, a su adaptación y cuidado, ya que aún eran adolescentes.

"Lo más importante que aprendimos de momento por la llegada fue no perder la esencia ni los valores que nos definen".

Actualmente, María Fernanda se declara emprendedora. A veces siente que el término es amplio y ambicioso, pero sin duda, lo es. Comenzó diseñando agendas personalizadas hechas a mano con material reciclado, amables con la naturaleza; pero ahora, está proceso de poner en línea una página web para el apoyo de artesanos que necesiten vender sus piezas haciendo uso de las bondades del mundo digital.

Luego de muchos años

Para María Fernanda no fue tan sencillo atreverse a trabajar por su cuenta. Tenía la inquietud en su corazón, pero sus circunstancias familiares la mantenían en su rol de mamá 24/7.

"Pasó algo medio chistoso la primera vez que quise trabajar: salí embarazada por tercera vez, 20 años después de mi primer hijo. Así que volví al rol de mamá a tiempo completo y el emprendimiento nuevamente debió esperar".

> "Siempre tuve la dicha de conocer varias culturas y tomar lo mejor de cada una".

A los cuatro años de edad de su último hijo, vino un nuevo cambio. Por motivos de trabajo de su esposo, María Fernanda empacó maletas y se mudaron al estado de Georgia. Esta vez, dejando a sus dos hijos mayores en la Florida, con vidas más que encaminadas.

Este nuevo reto de crianza, lo cumplió bajo un esquema bicultural. "Siempre tuve la dicha de conocer varias culturas y tomar lo mejor de cada una, lo cual ha sido un valor transmitido a mis hijos. Me introduje al sistema escolar como voluntaria y allí conocí a la que hoy es mi mejor amiga y socia. Es importante hacerse presente para los niños muy cerca, en su escuela".

Ya entre dos, fue más sencillo plasmar ideas sobre el papel y llevarlas a la realidad. "Con mi amiga comparto el amor por el arte, por ese valor de volver a las raíces. Para mí no es lo mismo leer una carta en la computadora, a una de puño y letra, donde está impregnado el sentimiento y el corazón de quien la escribió".

Pensaron en reciclar papel, cuero, tela y otros materiales. Fabricarían agendas personalizadas para quien deseara volcar sus pensamientos.

Empezaron a presentarlas en ferias, bazares y como opción para regalos. Y fueron encontrando genios que trabajan con sus manos de manera preciosa. "Pensamos en unir a esa comunidad de gente que quiere dar un regalo único y especial, con esos artesanos que pasan horas de pie en un bazar. Y como tenemos los conocimientos porque ambas socias somos profesionales en sistemas computarizados, nos propusimos diseñar un sitio web y lograr un negocio con propósito".

La web se retrasó por la pandemia, pero solo faltan detalles para lanzarla.

Ya cuentan con un nutrido grupo de artesanos aliados, incluso habrá una galería de arte. Inicialmente contarán con creadores que vivan en los Estados Unidos, pero la visión es trascender fronteras y traer piezas desde países de Latinoamérica.

Con los brazos abiertos

"Hay mucho que hacer en este país", reconoce la sureña. "La cultura latina es preciosa y la americana es muy abierta para recibirnos. Nunca me he sentido discriminada. Y les digo a las hispanas, emprender no significa hacerse rica, pero sí se trata de demostrar que puedes lograr lo que te propones".

Si le tocara regresar a su Argentina natal, se llevaría de este país el aprendizaje de tener apertura, confianza y dar la bienvenida a nuevas amistades. En cinco años se ve con su emprendimiento más consolidado, trabajando codo a codo con artesanos. Abrazando y ayudando a mucha gente.

Se siente una Hispana Realizada porque ha podido alcanzar sus sueños, ha sido mamá a tiempo completo y ha calado en un país que ya considera suyo.

Prefiere el mate como bebida principal, el asado con amigos y su valor predominante es la sinceridad. Tiene como mantra: Mi fe es inquebrantable.

24

MARÍA GUADALUPE GIRARTE

Una mujer hispana puede llegar tan lejos como las estrellas

La bienvenida que le dio el nuevo país a la mexicana María Guadalupe Girarte fue dura. Tomó la decisión de salir, con su primera hija en brazos, tras la búsqueda de un mejor porvenir, pero la acompañó la desventura de convivir con un hombre maltratador que la sumergió en un ambiente de violencia doméstica.

"Luché por mis hijos, contra el sistema, contra el mundo. A veces por ser mujer te dicen 'no puedes', pero sí pude salir adelante. Yo soy prueba de ello".

Lupita, como la llaman sus afectos, ha superado obstáculo tras obstáculo. Se convirtió en madre soltera de 4 hijos, uno de ellos con una condición especial. Y así, con una carga emocional a cuestas y lejos de sus raíces, se hizo valiente y salió del atolladero donde se encontraba.

"Nuestros antepasados criaron hombres machistas y a mujeres sumisas, haciéndonos creer que somos buenas únicamente para el hogar, para ser esclavas de muchas cosas, pero la realidad es que tenemos muchos derechos".

> "A las mamás solas les digo que no se sientan desamparadas, yo les puedo enseñar un oficio sin cobrarles".

Actualmente, María Guadalupe es dueña de una empresa de transporte, un taller para confección de vestidos y un salón de belleza. ¿Con qué tiempo?, te preguntarás. Ella confiesa trabajar 16 horas al día porque quiere, lo cual ha sido clave para enviar un poderoso mensaje a sus hijos: No son tapete de nadie, háganse profesionales y suficientes para sí mismos.

Un sueño hecho realidad

Su sueño era ser estilista y Dios le dio el don. "Así que he podido sacar a mis hijos adelante. Lo estoy logrando, me falta un poquito, pero voy bien".

Ya tiene una hija graduada de médico, y otros 3 hijos vivos y junto a ella. "A las mamás solas les digo que no se sientan desamparadas, yo les puedo enseñar un oficio sin necesidad de que me paguen".

Lupita, aun siendo indocumentada, trabajó en Google y el día que se fue le dejaron las puertas abiertas. Repite una y otra vez a sus hijos que todo se puede en la vida, no es fácil. "En mi caso tuve que sacrificar mucho, lo hizo por amor y no me arrepiento".

No cambiaría nada de su pasado. "Todo lo que viví fue por una razón y sin eso no habría llegado hasta este lugar".

Lo que más le gusta de su trabajo, es poder descubrir y realzar la belleza de las mujeres que se ponen en sus manos. Las manualidades le enseñaron a ser paciente, apasionada y dedicada.

No te rindas jamás

A las mujeres les dice que no se rindan, no tengan miedo, los golpes pararán cuando tú decidas el final. No es verdad cuando te digan que no vales. Sí vales y mucho.

Lupita casi no piensa en el cansancio. "Mi tiempo libre son mis hijos, hablarle a mi mamá y contarle todo lo que hice en el día a mi comadre, una mujer que me apoyó y me ayudó mucho. Eliminé la televisión de casa porque pone cosas en la cabeza que no deben estar. Durante este tiempo de pandemia, invierto el tiempo libre en fabricar mascarillas protectoras para personas que no pueden adquirirlas".

Reconoce que la violencia no se supera, los golpes no se olvidan, pero sí aprendes a vivir con eso. A Lupita le costó unos 10 años superar el trauma. "Le digo a mis hijos que no nacieron para tapete de nadie. Por eso les doy estudios y preparación. Ellos saben que me tienen siempre. No permitan jamás que un hombre tóxico abuse de ustedes".

Sabe que las fortalezas de la mujer hispana en los Estados Unidos son muchas. "Podemos llegar tan lejos como las estrellas, no hay límites. Me dijeron 'no puedes', y mira cómo lo hice".

En 5 años se ve viajando por Europa. Quiere que sus hijos también lo hagan, que disfruten de su carrera, de su dinero, que hagan más de lo que ella hizo.

María Guadalupe se siente una Hispana Realizada e invita, una vez más, a salir adelante. "Si te sientes amenazada, denuncia que la policía te ayuda, no les tengas miedo que ellos están para proteger. Para superarte puedes estudiar online, en cursos de noche, apoyarte en otras personas, los límites están en tu cabeza".

Si le tocara volver a emigrar escogería una vez más a los Estados Unidos. Su mantra es: Sí se puede. Su centro de belleza se llama *Infinity Hair Salon*, ubicado en un centro comercial de Gainesville.

25

MARIBEL BENÍTEZ
Vivir en bienestar

Maribel Benítez admite que tiene espíritu aventurero y eso fue el impulso que la hizo a venir a los Estados Unidos. Una vez culminada su carrera universitaria en México, dijo a sus padres que no quería fiesta de graduación, pero sí un viaje y así lo hizo, se instaló en Atlanta hace 14 años, una ciudad que le parece linda y que ofrece muchas oportunidades. En la actualidad ofrece sus servicios como coach de dinero y bienestar general.

Un proceso lleno de emociones

Como coach Maribel, considera que la mejor forma de manejar un proceso migratorio desde el punto de vista emocional es ir de la mano de alguien. "Los hispanos tenemos la falsa creencia, limitante o falso orgullo de decir yo puedo solo. Hay un proverbio chino que dice 'solo llegarás lejos, pero acompañado llegarás rápido'. Creo firmemente que el hispano no crece no por falta de inteligencia o porque no tenga educación; conozco mucha gente que no fue a la escuela y tiene mucha creatividad para ayudarle a salir adelante".

Entrarle a un proceso migratorio en solitario se convierte en una gran limitante. "Pienso que los inmigrantes, en cuestiones emocionales, necesitamos mucho apoyo, una ayuda que debemos buscar. Si no estamos bien desde nuestras emociones, tampoco lo podremos estar físicamente; en el trabajo podríamos caer en depresión, sentirnos tristes. De allí la importancia de buscar y aceptar la ayuda emocional, un acompañamiento que nos permita sanar emociones encontradas y que traemos desde hace mucho tiempo".

"Mujeres, no se acostumbren al sufrimiento, no están solas, siempre hay alguien que quiere ayudar".

Desafíos de emigrar

El desafío más grande de la Maribel inmigrante, fue hallar un trabajo en el que quisiera estar. "Al principio, cometí el error de tomar dos empleos porque vivía con unas personas que decían que a este país se venía a trabajar y a hacer dinero. Me dije a mí misma, tengo una carrera universitaria, voy a continuar preparándome para poder optar a un mejor empleo; me puse a estudiar inglés porque caí en cuenta de que el dominio del idioma significaba mejores ingresos, pues constituye una puerta al mercado laboral norteamericano".

Recibió muchas críticas por ello, pero también obtuvo el apoyo de personas que la motivaron a continuar su preparación con el idioma. "Entonces, el desafío más grande fue creer en mí, en mis capacidades, es decir, lograr la confianza en mí misma. Asimismo, es fundamental que como migrante sepas rodearte de personas que te apoyen, te estimulen y al mismo tiempo te faciliten las herramientas necesarias para tu crecimiento".

El dinero y la conciencia

"Como coach, mi nicho de mercado es el dinero y la conciencia, es un aspecto que me fascina, porque al estar en contacto con muchos hispanos, he visto cómo para la mayoría el dinero se ha convertido en un aspecto estresante".

Le llama la atención el por qué muchos hispanos no son capaces de alcanzar un nivel económico merecido y aun sabiendo que pueden lograrlo. Piensa que es importante dilucidar qué información tenemos en el subconsciente que nos frena de alguna manera.

Manifiesta de manera enfática que el primer paso para entrenar la mente es indagar cuál es la información que se lleva en el subconsciente. "Imaginen que el subconsciente los defiende del posible peligro, para que no te alejes de tu clan; esa información no permite que alcances una economía estable. A eso se le llama "alergia al dinero" y harás todo lo posible por quedarte sin dinero".

La información que se guarda en el subconsciente es lo que se refleja en el exterior, en tu salud, con tu pareja, con las personas que te rodean, tu casa, tu economía. Ello indica la importancia de indagar con qué información contamos para tomar decisiones necesarias para nuestra mejora personal.

Según Maribel los seres humanos tienen "tres creencias madres" que se presentan con diferente intensidad: "no soy importante; no soy suficiente y cometer errores es malo". Son creencias que son sembradas durante la infancia de manera inconsciente por los padres, quizás porque eso era lo que tenían a la mano, pues así lo aprendieron. Por ello, es importante tomar con responsabilidad y asistidos con especialistas la indagación de esa información del subconsciente, a fin de hacer uso de herramientas que permitan minimizarlas, que nos impulsen y nos den energía para hacer posible nuestro crecimiento.

Como experta en coaching ontológico y neurocoaching, Maribel plantea tres recomendaciones para el manejo eficaz del dinero: 1- invierte en el aprendizaje de herramientas que te permitan cambiar las creencias que te paralizan o te limitan; 2- observa muy bien la gente que tienes a tu alrededor e identifica cuáles son las mentes carentes y las exitosas, emprendedoras, aquellas que te permitan compartir, crear y generar ideas, pues estas son la que estimulan tu crecimiento personal; 3- lleva un registro de tus gastos y empieza a hacer conciencia si gastas más de lo que ganas.

Es importante que de tu ingreso destines un pago para ti, invierte en ese acompañamiento, eso vale mucho porque verás resultados positivos. Yendo sola te arriesgas a cometer errores que retardarán tu crecimiento.

Maribel se siente una Hispana Realizada en continuo aprendizaje y crecimiento, se define como alegre, agradecida, corazón 100 % y cuyo mantra es "nadie más puede hacerte feliz, ese es tu trabajo".

A las hispanas migrantes les dice: "no se acostumbren al sufrimiento, no están solas, siempre hay personas dispuestas a acompañar y ayudar a la generación de ideas creativas que se traduzcan en mejorar sus vidas".

26

MICHELE LAMASSONNE

Una historia de transformación con sabor a arándanos

L a estadía de Michele Lamassonne en Estados Unidos ha ocurrido en dos fases. En la primera, llegó a la edad de tres años debido a que su padre, ejecutivo de IBM, fue trasladado a este país. A los catorce años regresa a su natal Colombia, terminó su bachillerato, se graduó en la universidad, se casó y comenzó a trabajar en Coca-Cola en 1982 y tres años después le hacen una oferta de trasladarla a la empresa con sede en Atlanta.

Michele y su esposo aprovecharon la oportunidad, puesto que anteriormente ya habían considerado la posibilidad de vivir en los Estados Unidos. "Decidimos arrancar, el proceso nos resultó muy fácil pues yo tengo doble nacionalidad, contaba con visa y llegué a trabajar directamente. Cuando me presentaron la oferta de trabajo, días antes me dieron los resultados que confirmaban mi embarazo, ya teníamos una niña de cinco años. Decidí ser muy clara con mis jefes y les informé: estoy embarazada y no tengo problema en irme. Quería ser muy transparente con mi situación, no ocultar nada".

Actualmente vive feliz del trabajo del campo. Desarrollan una granja donde cultivan arándanos, hacen visitas guiadas y se encantan de lograr cada cosecha del noble fruto.

Doble proceso migratorio

Michele se convirtió en inmigrante en su propio país, cuando regresó a Colombia, siendo una adolescente de catorce años. Experimentó un fuerte choque cultural. "Yo estudiaba en un colegio público mixto en California, tenía mis amigos y al llegar a Colombia me inscribieron en un colegio de monjas, de niñas únicamente, no conocía a nadie; la única ventaja es que hablaba español, mi lengua materna, por lo que pude comunicarme fácilmente. Sin embargo, los cambios fueron drásticos e hicieron que durante el primer año resultara difícil adaptarme".

> "Los cambios fueron drásticos e hicieron que durante el primer año resultara difícil adaptarme".

Posteriormente, con una carrera universitaria culminada, casada y con una hija, enfrentó su segundo proceso migratorio que resultó más sencillo de superar. "La empresa en la cual trabajaba fue la que me propuso enviarme a trabajar a los Estados Unidos, es decir, tenía empleo asegurado; no tenía problemas con la visa por mi doble nacionalidad; mi esposo, abogado de profesión, logró su residencia en quince días, esto para mí era muy importante, que él se sintiera bien con el cambio y que pudiera trabajar en lo que quisiera. Obviamente, al principio fue un choque de costumbres, nos hacían falta nuestros familiares y amigos. En mi caso particular, no tuve tiempo de pensar mucho en lo que había dejado atrás porque comencé a trabajar a los quince días de haber llegado, en cambio para mi esposo ubicarse en un empleo demoró un poco, pero de igual forma nos fuimos adaptando poco a poco".

De la oficina al campo

Michele estuvo trabajando en Coca-Cola por espacio de 37 años y ocupó altos cargos en la empresa, hasta que decidió retirarse e involucrarse con las actividades de la granja productora de arándanos que su esposo había comprado al retirarse de su empleo en el gobierno norteamericano.

"No me costó tomar la decisión de retirarme porque era mi oportunidad de compartir actividades de la granja con mi esposo, pasar más tiempo con él. Fue muy agradable dedicarnos a la granja, lo tomamos como un hobby porque no es un negocio o una empresa de la cual vivamos".

Su experiencia de tantos años con Coca-Cola le ha servido en este emprendimiento familiar. Michele aplica lo que aprendió de organización, planificación y toma de decisiones. "Mi esposo es igual de organizado y por ello nos complementamos. Realmente el trabajo intenso lo tenemos en época de cosecha de arándanos; ha sido increíble conocer tanta gente porque vienen y participan en la recolección de los frutos y de acuerdo con la cantidad recolectada nos pagan".

Michele explica que esta nueva actividad le ha permitido estar en contacto con la gente, recobrar la conexión social que es tan importante, "porque al retirarnos dejamos de estar rodeados de nuestros compañeros de trabajo y de otras personas, nos aislamos un poco".

"La idea de este emprendimiento llamado Hemi Blueberry Farm, ubicado en Greensboro, Georgia; surge de una reunión social a la que asistió mi esposo y allí estaba presente el director agrícola de la Universidad de Georgia y lo escuchó hablar de un desarrollo de nuevas variedades de *blueberries*. Mi esposo hizo las averiguaciones pertinentes para saber si el terreno que había comprado 20 años atrás y que permanecía ocioso, era apto para cultivarlas. Resultó con las condiciones óptimas para ese cultivo y en el 2015 arrancó el emprendimiento, las plantas tienen cinco años y están produciendo. Por ser cultivo perenne solo hay que abonarlas, regarlas y podarlas".

Lo más satisfactorio de pasar de ese mundo corporativo al agrícola es la tranquilidad y paz que siente de estar en la granja, alejada del ruido y el estrés que produce la ciudad. Siempre le ha gustado la naturaleza, eso de sembrar una planta y ver a muy corto plazo sus frutos es una satisfacción inmensa, es hermoso; en el mundo empresarial los frutos se diluyen con los de otras personas y se ven a muy largo plazo.

Aun cuando continúa trabajando con su antiguo jefe, lo hace únicamente dos días a la semana, pero sin el compromiso de ir a la oficina, sino permaneciendo en su casa o la granja. Ha sido buena la transición en ese sentido.

Una vida, un legado

Michele piensa que el legado que le puede dejar a sus hijas y sus nietos es la idea de cuidar el planeta, "todo lo que hacemos en la granja está orientado hacia esa meta. Ese es el futuro, si no hay la conciencia de cuidar el planeta, se va camino a la destrucción".

El consejo que ofrece a las hispanas que vienen a este país buscando un futuro, es lograr el dominio del idioma pues este es el trampolín para comunicarse con la gente, conseguir empleo, lograr ese enlace cultural con las costumbres del país, tener más empatía con la gente y relacionarte más fácilmente. Ello implica esfuerzo por aprender el idioma, leer diarios, revistas en inglés y fundamentalmente no limitarse a estar con personas que hablan tu idioma, sino tratar de relacionarse con personas que hablen el inglés.

Michele se siente una Hispana Realizada, sin olvidar sus raíces. "Vivir en este país me ha dado muchas satisfacciones a nivel profesional, me ofreció muchas oportunidades y no he olvidado que soy colombiana". Expresa que de tener un superpoder le gustaría entender bien a la gente, no leer su mente, pero sí saber sus necesidades, conocer sus puntos de vista.

Su mantra o lema de vida es la armonía, estar en armonía con uno mismo y con los demás proporciona paz y tranquilidad tanto espiritual como física.

27

MIRNA GONZÁLEZ

*Si volviera a nacer
sería hispana de nuevo*

La buena actitud y la sonrisa permanente son dos aspectos que definen la personalidad de la venezolana Mirna González, una inmigrante con poco tiempo en este país, pero con suficientes logros que la hacen ser y sentir una Hispana Realizada.

Es conferencista, coach, actriz de teatro y esposa. Vive en la Florida. Su propuesta teatral se pasea por la intervención de emociones desde las tablas, donde el público participa y se alcanza un impacto contundente del asistente.

"Lo primero que hice al subirme al avión que me trajo fue bendecir mi país, mi familia y todo lo que dejé. Así, lo primero que hice al bajarme, fue bendecir esta tierra que me recibió con brazos abiertos de amor y bondad. Siempre voy a honrar que este país haya llegado tan lejos, su historia, sus ancestros, creo mucho en la energía de lo que no vemos".

Soñó con emigrar y se preparó para ello. "No me podía venir desde la tristeza ni la rabia, sino desde el entusiasmo. No debo seguir atada a una vida que ya no tengo. Me abro a recibir esas cosas que el universo tiene para mí. Llegué con una maleta llena de planes, porque además tengo una pareja que es un planificador innato".

Sacudirse te lleva a innovar

Los cambios traen consigo un movimiento obligado. Ya nada es igual, ni tu casa, ni tu país, ni siquiera la reputación que tenías en aquel lugar de donde saliste. "Mi sacudida estuvo en extrañar a mi hermana, mi mamá, sobrinos, la comida, los olores. Llegas aquí con una fama que no es endosable. Dejaste algo en Venezuela, y aquí debes volver a construir hacia lo que quieres en este país".

> "Todo tiene su momento y debe ser paso a paso. Quedo conforme, aunque sea con 10 personas que salgan dispuestas a cambiar".

Mirna llegó con una propuesta innovadora a nivel de teatro y conferencias que, en un principio, resultó difícil de entender. "Todo tiene su momento y debe ser paso a paso. Quedo conforme, aunque sea con 10 personas que salgan conmovidas y dispuestas a cambiar".

La vida del inmigrante se trata de estar clara con lo que quieres y eres. Estados Unidos es una olla de presión donde todo movimiento implica dinero, pero la realización se consigue manteniendo el foco ahí, donde siempre lo puedas ver. Todo esfuerzo da sus frutos.

La humildad para saltar obstáculos

Los obstáculos también se han presentado en la vida de la inmigrante Mirna. "Todo se supera con investigación, conocimiento y sobre todo con humildad. A pesar de mi mucha energía, la dosifico. Si me consigo con un momento complejo, retrocedo un poco, me calmo, pienso, investigo y evalúo qué puedo hacer. Trato siempre de mostrar cómo ayudar a otros. Los retos traen aprendizajes y cuando menos te das cuenta, el reto se convierte en puerta".

Subirse a las tablas en este país puede ser sencillo, el secreto está en mantenerse. "Aquí sigo mi instinto y tengo claro mi objetivo. Planifiqué desde Venezuela durante dos años este viaje. Investigué mucho, lo cual me permitió tener una percepción del país, que solo perfeccioné cuando llegué".

En su camino ha habido ángeles con las manos tendidas a la ayuda. "Siento logros maravillosos, un público magnífico que va creciendo gracias al boca a boca. La clave está en ser inteligente. El camino puede ser suave, ciertamente hay un esfuerzo, pero no tiene que haber sufrimiento. Debes crearte tu propia realidad. Todo lo que necesito para ser feliz viene con facilidad, fluidez y abundancia. Lo repito y lo siento. Es mi mantra".

La protagonista de su vida

Mirna confiesa que ha logrado ser la protagonista de su propia vida cuando se complace, se ama, se da el permiso de romperse y volverse a armar, con buena actitud para asumir las circunstancias venideras. "Haz turismo interior, escucha a quienes te aman. Ten la humildad de recibir desde el mínimo hasta la máxima crítica constructiva, para mejorar en el teatro de la vida; sé honesta contigo misma, ten claro qué mueve tu cuerpo. Tienes tarea y es diaria, a veces se logra llorando, sufriendo y soltando. Pero, sé siempre fiel a ti misma, que nada cambie la pasión que te mueve".

A los cientos de actores que llegan a Miami buscando su oportunidad, ofrece un consejo: Nunca dejes de hacer algo por tu talento todos los días. Hay que vivir, pero no lo engavetes ni lo olvides. Los sueños se alimentan de acciones. Puedes trabajar en otras cosas, pero al menos dedica una hora a alimentar las ganas de transformar tu vida. Sé auténtico y pregúntate ¿qué tienes tú que no tienen otros?"

Y a todas las hispanas en general les dice: Encuéntrate, llévate a tu zona límite. Mira el mundo y ve qué falta que tengas tú. Porque nadie es igual a ti, busca tu espacio. No pierdas la fuerza de la imaginación.

Mirna es niña feliz

Mirna desempeña diferentes roles al mismo tiempo, pero es más feliz cuando su niña interior es la que crea y aflora en cualquier actividad. "Ahí está mi esencia. Me gustan los globos, los parques, andar disfrazada, reír. Así como los niños".

La venezolana sueña con crear una escuela para dejar huella y que otros puedan tener capacidad para impactar al mundo.

Siente que la realización conlleva un trabajo diario, pensando y accionando para transformar al mundo. Y, en definitiva, prefiere el teatro, antes que cualquier otra vía de expresión artística.

28

NATALIA JARQUÍN
El empujón de las redes sociales

Natalia Jarquín es una joven nicaragüense que tomó la decisión de salir de su país con su familia para vivir en los Estados Unidos, de una manera repentina. "La fuerte crisis socioeconómica que atravesaba Nicaragua nos empujó, a mi esposo y a mí a tomar una decisión de un día para otro. Tenemos un hotel boutique, porque somos emprendedores en nuestro país, pero un primo de mi esposo, que vive en Miami, lo llamó una noche para avisarle de una oportunidad de comprar un supermercado; lo conversamos y al día siguiente mi esposo salió rumbo a Miami y yo quedé en Nicaragua con mis dos hijos".

Reconoce que la decisión fue un tanto apresurada, pero piensa que las oportunidades se presentan una vez en la vida, enfrentas la disyuntiva de tomarlo o dejarlo y ves si aprovechar la oportunidad. Ella permaneció en su país 15 días más, arreglando asuntos del hotel, del colegio de su hijo de cinco años y de su bebé de pocos meses de nacido.

Admite que al principio estuvo dedicada a tiempo completo a sus hijos porque al mayor le resultó muy duro dejar a la familia tan abruptamente, principalmente a su abuela y a la persona que lo cuidaba, sus amiguitos, su colegio, incluso bajó mucho de peso. Por otra parte, su hijo menor, de meses de nacido, también requería mayor atención porque estaba lactando, período que duró 28 meses. Afortunadamente, su hijo mayor superó esas dificultades y logró adaptarse, tiene nuevos amigos y le va mejor en el colegio.

"Llegar a este país con niños pequeños es bastante difícil, en principio como familia tuvimos que enfrentar el hecho del poco tiempo que podíamos disfrutar juntos; mi esposo dedicaba de 14 a 16 horas diarias al supermercado, lo que implicaba que los niños lo veían muy poco tiempo, en cambio yo estaba sola con ellos la mayoría del tiempo. Otro aspecto que nos afectó fue que mi hijo mayor al iniciar el colegio tuvo problemas con el idioma, si bien aquí en Miami se habla el español, en el colegio no es así, pero todo fue solucionado gracias a Dios en unión familiar y así logramos salir adelante".

> "Le dije a mi esposo: vamos a arriesgarnos a utilizar las redes sociales y a partir de allí la situación cambió radicalmente".

Del hotel boutique al marketing digital

Actualmente, Natalia se dedica al marketing digital y esa idea surgió en Nicaragua en el año 2017, con la apertura del hotel boutique. Inicialmente nadie lo conocía, excepto sus respectivas familias y amigos, pero contrataron una agencia de publicidad para estrategias de redes sociales y así llegar a más personas.

"A partir de allí, tomé consciencia del poder de las redes sociales y comencé a enamorarme de ellas; aprendí por cuenta propia a diseñar estrategias publicitarias de acuerdo con el tipo público a quienes iban dirigidas. Eso nos ayudó mucho con el supermercado que compramos aquí en Miami; al principio, la gente no entraba pues no tenía un inventario muy variado, además, instalamos una cafetería dentro del establecimiento y a pesar de la esmerada atención que brindaba el personal y de las características del establecimiento, no lográbamos hacer la conexión con el público de la zona. Le dije a mi esposo: vamos a arriesgarnos a utilizar las redes sociales y a partir de allí la situación cambió radicalmente".

Con esta experiencia positiva como base, Natalia decidió prepararse, estudiar lo relacionado con el manejo de redes sociales con fines publicitarios. Eso la condujo a obtener su primera certificación de Social Media Manager, con unos colombianos radicados en Nueva Zelanda y a partir de allí alcanzó muchas otras certificaciones.

"Los conocimientos adquiridos me permitieron conocer una diversidad y cantidad de estrategias publicitarias que aplicadas, en principio a nuestros dos emprendimientos, pude ver el aumento de las ventas en el supermercado y la cafetería, así como en el hotel, sobre todo la clientela desde acá en Estados Unidos dirigida hacia Nicaragua".

Mentora de mujeres emprendedoras

"Con el paso del tiempo, se acercaron a mí muchas mujeres emprendedoras solicitando ayuda con las redes sociales y a partir de eso tomé consciencia de una pasión que no sabía que tenía: ser mentora; sobre todo de mujeres mayores de 40 años que se perciben poco amigas de la tecnología. Desarrollé un programa que dura ocho semanas, al cabo de las cuales pierden el miedo de manejar la tecnología, son más independientes, se hacen capaces de grabarse ellas mismas, se entienden con la cámara; eso me causa una íntima satisfacción".

Al inicio del programa lo más importante es trabajar la mentalidad, "ayudarlas a descubrir sus miedos sobre el uso de la tecnología, porque podemos tener todas las herramientas, pero si tenemos miedo, será imposible alcanzar la meta que nos hayamos propuesto, romper barreras de temores para aprovechar el conocimiento".

Mercadeo en tiempos de pandemia

"Las estadísticas demuestran que esta área ha tenido un considerable crecimiento, muchas emprendedoras temían que, con sus negocios cerrados por la pandemia, irían a la quiebra. Sin embargo, al hacer uso de las estrategias adecuadas se dieron cuenta de que seguían facturando desde sus casas, aun cuando su establecimiento estuviera cerrado físicamente. Es más, muchas de estas mujeres han llegado a facturar más desde sus casas que con el negocio abierto".

En cinco años Natalia se visualiza como una gran mentora de mujeres emprendedoras, de empresarias. Expresa que de volver a comenzar un error que evitaría cometer nuevamente sería "no pensar en grande desde el principio". Se siente una Hispana Realizada, siente mucho orgullo de su patria y ama su bandera azul y blanco, en todo lo que hace el deseo que subyace es dejar el alto el nombre de su país.

"Mi valor predominante en el trabajo y mi vida familiar es el amor; deseo dejar como legado a mis hijos que deben trabajar muy duro para alcanzar sus sueños. Mi mantra o lema de vida es 'Sí se puede'. A las hispanas les digo que siempre luchen y se preparen para lograr sus sueños".

29

NORMA MARTÍNEZ

*Sí se puede comenzar
por segunda vez*

Norma Martínez es mexicana, residente americana y tiene dos historias para contar. La de su primera y exitosa venida a los Estados Unidos y la de su segunda y desafiante experiencia de emigrar, al mismo país.

"He vivido dos veces en Estados Unidos. Para la primera, llegué con el pie derecho. Conseguí un trabajo estando en México como asistente administrativa en el Banco Interamericano de Desarrollo en Washington, DC, gracias a un anuncio en el periódico. El proceso fue largo y aspiraban muchas candidatas, pero quedé seleccionada. Ese empleo duró 10 años, tiempo en el que me casé y tuve a mis dos hijos. Conocí todos los dialectos en español y a gente de toda Latinoamérica".

Pero esta primera historia no tuvo un desenlace tan bondadoso. Se divorció y decidió regresar, con sus dos hijos pequeños, a su México natal.

En la seguridad de estar en casa, limpió la raspadura de las rodillas de su alma, y siguió adelante. El amor tocó de nuevo a su puerta, esta vez en tono americano. Se casó y regresó a los Estados Unidos. "Los corazones en el ambiente duraron poco. No fue buena la experiencia, aparecieron cambios en el comportamiento del esposo y fue momento de tomar caminos diferentes.

"Esta segunda vez fue muy desafiante. Un día mi ex dijo, en tono de amenazas y sin que yo escuchara, que en dos semanas se desharía de su familia. Me dio miedo, pero planeé mi salida. Me aferré de la Biblia, del libro de Josué donde decía que debía ser valiente con Dios siempre de mi mano".

> "Tenía miedo, pero me tomé de la mano de Dios. Sus planes siempre han sido para mi bien".

Norma se fue a un refugio de mujeres. Aplicó para papeles tomando en cuenta que sus hijos son ciudadanos americanos. Mientras transcurría su proceso legal, tuvo que ser humilde y aceptar ayuda del Gobierno.

Ya una vez que obtuvo su estatus legal, buscó una iglesia para trabajar como voluntaria en el ministerio de niños. "Me ayudaron mucho. También fue hora de trabajar, así que comencé como asistente ejecutiva, pero era demandante en tiempo. Me sugirieron ser intérprete médica y me atreví. También fui traductora del Gobierno por 5 años, un trabajo difícil, de buen ingreso, pero sin gustarme mucho".

Tiempo de emprender

Siempre se había visto como empleada, jamás como emprendedora o dueña de negocio. Pero un amigo le animó a vender seguros, sacó su licencia, ahorró dinero mientras hacía clientela y así tener un fondo de emergencias; vendía seguros de vida y ahora también de salud. Le gusta, encontró su nicho.

Luego de vivir ambas historias, con sus altos y bajos, Norma reconoce que el desafío más grande que superó fue vivir con la incertidumbre de no saber si le darían la tan deseada tarjeta verde, la *Greencard*. "Mis hijos querían quedarse, y debía complacerlos. Pasó como un año y medio hasta que la obtuve. No conocía a nadie y debí comenzar desde cero".

Entrenarse para triunfar

Las ganas de salir adelante empujan fuertemente a lograr cualquier sueño. Cuando la mexicana finalmente decidió tener su negocio, debió capacitarse. Al principio obtuvo 10 licencias para vender seguros y ya tiene 20 en ciudades diferentes.

"Tenía mucho miedo, pero me tomé de la mano de Dios. Sus planes siempre han sido para mi bien. No me gusta ponerme en el papel de víctima, aunque sentía temor, siempre les di una visión positiva de la vida a mis hijos. Me siento fiel testimonio de que con Dios todo se puede".

Además, tenía (y sigue teniendo) el inglés a su favor. "Ha sido mi mayor ventaja. Desde pequeña mi madre potenció en mí el gusto por los idiomas. Tomé cursos de pronunciación, gramática, ortografía, escuchando cursos en inglés. Poniéndolo en práctica para aliviar el acento".

Una vida bonita

Ahora tiene una vida bonita, un verdadero premio a la fe y la constancia. "Estoy emocionada de avanzar en mi carrera, quiero obtener más licencias hasta llegar a 50 o 52, mi deseo es ayudar a más gente. Me siento muy bien porque mi hija se casó, yo también y mis padres cumplieron 60 años de casados".

Su esposo es ingeniero químico y tiene un negocio de consultoría con el que resuelve problemas de contaminación y aire en empresas. Es especialista en permisos, y a Norma le gustaría ayudarle en la parte administrativa.

Lo más satisfactorio de mirar hacia atrás, es ver todo cuanto ha logrado con la ayuda de Dios y al mirar hacia adelante, se anima a seguir aprendiendo, tomando cursos, aumentar su número de licencias. "Me encanta ver que mis hijos son prósperos".

Sí se siente una Hispana Realizada, aunque siente que le falta mucho por aprender. En la vida de Norma, Dios ocupa el primer lugar; si pudiera cambiar algo del pasado sería escuchar mejor la Palabra de Dios. Su mantra es vivir con alegría y calidad.

30

NUVIA LANZAGORTA
La vida es un dulce momento

Con el trabajo de la mexicana Nuvia Lanzagorta hay una sonrisa asegurada. Hay alegría, fotos y dulces recuerdos porque trabaja nada más y nada menos que con arreglos de frutas, flores y golosinas. Sus manos recrean deliciosos momentos cuando se intercalan chocolates con fresas, gracias a una piña que se convierte en reina y a frutas de buen cuerpo que se dejan moldear por manos suaves y herramientas adecuadas.

Su empresa se llama Dulces Momentos Arreglos Frutales. Así, directo y sin acertijos. Nuvia descubrió que sus manos podían ser instrumentos para su sustento luego de dejar de trabajar como empacadora para una empresa, siendo mamá de una pequeña y motivada por la necesidad de ayuda económica de su mamá con cáncer.

Llegó a los Estados Unidos con apenas 19 años. "Tenía el plan de venir a trabajar tres años y regresar; no había muchas perspectivas económicas en mi país. Lo más duro de haber dejado mi tierra es la falta que me hace mi familia. Y aunque inicialmente solo era una temporada, el tiempo sin vernos me hacía dudar si tomaba o no la decisión".

Habilidad innata

El trabajo con las manos no era desconocido por Nuvia. De niña, en su colegio, se le daban bien las manualidades y siempre se ofrecía si era necesario crear algo para el Día de las Madres o para alguna festividad especial.

Cuando llegó a EE. UU. trabajó en una compañía empacadora durante cuatro años, pero debió retirarse para ver nacer a su hija. En ese tiempo su madre fue diagnosticada de cáncer, y tuvo una motivación adicional para generar más ingresos.

Su madre falleció y la despedida no fue posible. Su mente se inundó de pensamientos de culpa, raras sensaciones por haber perdido a alguien que ni siquiera pudo abrazar por última vez. Así que para mitigar el dolor y distraer la mente mientras las noches de insomnio se hacían eternas, miró y miró videos en Internet "Fui aprendiendo, era una forma de entretenerme, de llevar la cabeza hacia otros pensamientos. Compré unos cortadores especiales y probé con algunas frutas. Hice mi primera canastita, la regalé a una amiga y de ahí se fue desarrollando la idea".

> "Debes creer en lo que haces. Durante la pandemia he visto a muchas personas reinventarse".

Siempre hay opciones

A las hispanas que han perdido las esperanzas en este país o se sienten desmotivadas porque el año 2020 ha sido uno de esos que nadie más quisiera volver a vivir, Nuvia les dice: Siempre hay opciones para salir adelante.

"Tengo la fortuna de tener cerca a mujeres que se dedican a su familia y tienen una entrada de dinero. A veces sucede que no crees en ti, te da pena cobrar, no sabes cuánto vale tu trabajo. Debes creer en lo que haces. Durante la pandemia, he visto a muchas personas reinventarse, amigos que hacen delivery, amigas que hicieron de la cocina su negocio, y muchas otras cosas más".

Lamenta que en muchas ocasiones son las mismas personas que te rodean quienes te desaniman para seguir adelante y luego, cuando te ven triunfar, reconocen que estaban equivocados. ¡Debes creer en ti misma!

"En mi caso, la calidad fue mi aval. La mejor publicidad la hace un cliente satisfecho; te recomiendan, te siguen, te promocionan. Llegué al lugar que hoy ocupo porque me quité la vergüenza, dejé de ser tan tímida. Antes no iba a eventos ni reuniones. ¿De qué podía hablar?

Pero hubo una organización llamada Emprendedores Latinos para entrevistarme, pensé que no era para tanto, pero me dieron la oportunidad de publicarme en su página. Ahora sí empecé a ir a eventos. Mi trabajo me ha llevado a conocer a personas. He tenido la fortuna de que me hagan promoción gratuita, la recomendación ha funcionado. He hecho intercambio de servicios. Y sí funciona. Al principio hay que tocar puertas, dar muestras de cortesía".

En cinco años se ve yendo hacia adelante, con una marca más afianzada, con el sueño de convertirla en franquicia. También quiere dar clases y enseñar lo que hace mediante cursos. "No me cierro al crecimiento. A veces uno tiene que adaptarse al rumbo, yo digo que en ocasiones uno no toma las decisiones, sino que las decisiones lo toman a uno".

Para reinventarse hay que buscar dentro de sí misma. "Lo que haces con amor, seguro lo haces bien. Hay que descubrir el camino, pero desde el corazón. Jamás viendo a otra persona que gana dinero, sino desde dentro de ti".

Por cierto, Nuvia jamás imaginó participar como invitada en el podcast Inspiración Hispana, lo cual la hizo sentir halagada. "La exposición ayuda muchísimo al negocio".

Su fruta favorita para arreglar es la fresa, su mejor negocio hasta ahora han sido las mesas para eventos y su mantra es: Haz las cosas con el corazón.

31

ODALYS GÓMEZ
Oratoria para triunfar

E xisten diversos tipos de inmigrantes, hay quienes lo hacen con la conciencia de estudiar, de buscar nuevas oportunidades, como única manera de lograr sus sueños y hasta para escapar de situaciones indeseables en sus países de origen, entre otras. La historia de Odalys Gómez, es otro de los casos de venezolanos que buscan huir de la terrible situación que atraviesa Venezuela desde hace más de dos décadas y que ha cambiado para siempre la vida de una inmensa mayoría de jóvenes, que intentan encontrar una salida en otras latitudes.

Escoger a los Estados Unidos como lugar para construir una nueva vida, es una decisión que va acompañada del desafío por el dominio del idioma y la cultura del americano, que en ocasiones hace difícil la adaptación del inmigrante.

Afortunadamente a Odalys no se le dificultó el idioma, ya que, por un lado, había visitado en varias ocasiones el país en calidad de turista y por el otro, contar con que creció en un ambiente donde se hablaba con frecuencia en el idioma anglosajón, toda vez que su abuelo era trinitario y acostumbraba a comunicarse en esa lengua. Adicionalmente, está la necesidad del desapego por la familia, los amigos y todo aquello que representa tu tierra, tener que adaptarse a una vida diferente, aceptar los cambios futuros, las costumbres alimenticias y hasta la celebración por esos días especiales que en Latinoamérica forman parte del individuo, es decir, la Navidad, el Año Nuevo y hasta los cumpleaños. Hay que aprender a vivir con eso, asumirlo.

Actualmente es asesora internacional de negocios, orienta a aquellas hispanas que deseen emprender en un país diferente al suyo y usa su propia historia como testimonio de superación. Es experta en oratoria y por ello, usa el poder de la palabra para escalar en la vida empresarial.

El reto de emprender

Cuando Odalys se aventuró a crear Emprehispana como marca, siempre pensó en contar su historia en forma real, sabiendo que en las redes sociales se acostumbra a publicar solo cosas bonitas y lo agradable de cada persona. Pero ella prefería contar la realidad de la mujer inmigrante latina, hispana, esa historia tras bastidores que no suele contarse.

> "Deposita en Dios tu confianza, vive el presente y ten confianza que las cosas saldrán bien".

Existe la creencia que al joven inmigrante le va bien dondequiera que se encuentre, todos piensan que gana buen dinero, que nada se le complica y que además de eso no se preocupa mucho. La realidad es otra, la hispana inmigrante se enfrenta frecuentemente con la tristeza, el miedo al fracaso, las dificultades propias de encontrarse sola, sin el apoyo cercano de su familia, y mucho más.

Depositar en Dios todo lo que enfoques hacer, vivir continuamente el presente y tener confianza en que las cosas van a salir bien, son tres de los enfoques que Odalys Gómez aconseja tener en cuenta como inmigrante para salir adelante, particularmente en los Estados Unidos de Norteamérica.

Tiene claro que se pueden cometer errores, pero lo importante es reconocerlos y aprender de ellos, una suerte de *"learn by doing"*. Hay que buscar mucha información, sobre todo información financiera que en este país es importantísima, considera Odalys. "El manejo financiero en este país es vital dado el cúmulo de compromisos a considerar, impuestos, compras, rentas, seguros, cuentas bancarias, inversiones, entre otros. Es conveniente prepararse en el aspecto financiero, siendo un tema de absoluta importancia para salir adelante en este país, por ejemplo, en este tiempo de pandemia con el impacto negativo que ha causado, lo que justifica estar muy preparado para no colapsar".

Cada mañana Odalys enfrenta el dilema de cómo abordar cada circunstancia presente en su enfoque laboral, no obstante, durante el día a día renueva la confianza puesta en Dios, entendiendo que las cosas pueden salir bien aun cuando se presenten con dificultades. El secreto está básicamente en entender que hay que tener mente positiva y disposición para responder ante cualquier obstáculo que se le presente.

Un éxito absolutamente posible

Cuenta Odalys que, si acaso el tiempo retrocediera, ella volvería a emigrar hacia los Estados Unidos, considera que es un país con infinitas oportunidades y con un abanico multicultural, que le permite aprender de todos y poder emprender cualquiera actividad para establecerse y ser exitosa. Aun cuando todavía se encuentra en el proceso de desarrollo y consolidación de su emprendimiento, sabe que hay todavía mucho camino por recorrer, pero también está segura que de la mano de Dios puede alcanzar los objetivos planteados. Se considera una Hispana Realizada profesionalmente, aunque todavía está en proceso de aprendizaje, advirtiendo que, nada es para siempre, ni lo malo ni lo bueno, por lo que se mantiene atenta de lo que pasa a su alrededor. Recomienda a otras hispanas ser persistentes, perseverantes y avanzar en su preparación. Finalmente, su lema de vida es: Con Dios todo, sin él nada.

32

PAOLA MEJÍA
Recurso de comunicación para las familias hispanas

Conversar con Paola Mejía es como estar en casa. Es sentir que la conoces de toda la vida. Su tono de voz paisa la hace parecer recién llegada, pero en realidad lleva poco más de 18 años en los Estados Unidos.

Es profesional en Publicidad y Mercadeo, pero no reparó en humildad cuando de comenzar desde abajo fue obligatorio.

Llegó a este país soltera y llena de sueños. Siempre, de niña, viajaba a Miami o Nueva York con su mamá, y por alguna razón decía: para allá voy. Atlanta nunca estuvo en sus planes, pero decidió darse la oportunidad y ahora no pudiera estar más feliz.

Comenzó como todos, con sueños y aprovechando toda oportunidad. "¿Puedes cuidar esta niña? ¡Hágale!, ¿puedes trabajar en este restaurante? ¡Hágale! Así que fui conociendo y enamorándome de la ciudad, de su gente, de los latinos especialmente".

Reconoce la necesidad de tener la suficiente humildad para aceptar que, aunque tengas dos carreras, seas una profesional y tengas muchos conocimientos, se comienza desde abajo "Me tocó una familia hermosa donde cuidaba a una niña, y como sabían de mis conocimientos de diseño, me pedían que diseñara cosas como la tarjeta de cumpleaños de su hija, entre otras. Se trata de poner un poco de ti, de tu esencia en todo lo que te toca hacer".

De ser niñera pasó a trabajar en una imprenta. Pero ocurrió algo fuera de lo común —y hasta chistoso—, se topó con el periódico Mundo Hispánico y dijo, de nuevo, "quiero estar ahí". Escribió al publicista por un mail ofreciéndose como posible trabajadora y la llamó movido por lo inusual del correo.

> "Se trata de poner un poco de ti, de tu esencia en lo que te toca hacer".

"Me ofreció un trabajo de ventas, al principio no quise porque sentía que no sabía y finalmente terminé manejando las cuentas nacionales de Mundo Hispánico, durante poco más de 5 años".

Ha dejado que las oportunidades lleguen y fluyan. La actitud ha sido fundamental.

Actualmente es directora de la plataforma digital Qué Pasa en Atlanta, dirigida a proporcionar información de recreación y entretenimiento a la comunidad latina en la ciudad y sus alrededores.

El estigma por ser colombiana

Los desafíos que ha enfrentado Paola desde su llegada no suman muchos, pero los superados sí que le han marcado. "Uno de ellos vino dado por los estigmas de ser colombiana o latina en general. Ya querían decirme cuántos familiares tenía metidos en el negocio de la droga y qué pereza, no somos así, pero vine a demostrar que tenemos mucho que ofrecer. Así que me ha ido muy bien porque Dios ha puesto ángeles en mi vida".

Está felizmente casada, con dos hijos de 10 y 6 años. Por un lado, se desarrolla la Paola mamá y por otro lado la emprendedora del proyecto Que Pasa en Atlanta, por el cual en ocasiones le halan las orejas para que se desconecte, pero es difícil, confiesa.

Su esposo, un ingeniero de sistemas, creó la plataforma y se la entregó. Así que Paola es quien alimenta de contenido esta vía por la cual se informan cientos de personas dentro y fuera de la ciudad.

Ella vive de su pasión. Se le nota, además. "Para vivir de una pasión es necesario identificarla primero, hacer introspección y ver qué te hace feliz".

Disfrutar la ciudad

En Atlanta, y en muchas ciudades de los Estados Unidos donde hay latinos, sucede algo muy particular. "Apenas llegamos, quedamos atrapados en el sistema de consumo por tener aquello que no tenías en tu país, y cuando te ves solo trabajas y trabajas. Qué pasa en Atlanta te invita a ser parte de la ciudad, a conocer todo cuanto tiene para ti. Es injusto contigo misma que llegue el fin de semana, con hijos o sin ellos, casada o soltera, y hagamos absolutamente lo mismo".

Uno de sus lugares favoritos es Helen, porque parece un pueblito alemán. Le encanta salir de la ciudad, ir a la montaña. Le encanta el teatro y otras manifestaciones artísticas a las cuales estaba acostumbrada en su natal Colombia.

Aprendizaje y fortaleza

Si le tocara volver a Colombia, se llevaría la fortaleza. "Este país, si se lo permites, te hace fuerte, te hace ir por más. Te hace ser capaz de llegar hasta lo alto que quieras. También me llevaría la disciplina".

En cinco años se imagina haciendo lo mismo y feliz. Con un mayor crecimiento espiritual y personal, pero haciendo lo mismo.

Sin duda, Paola se siente una Hispana Realizada. "Realización es una palabra linda, más que felicidad. Porque la felicidad es solo momentos, pero realización es plenitud".

Entre las opciones de bailar, comer o salir a caminar, se queda con bailar, pero con comida. Considera que el mayor atractivo de Atlanta es la diversidad que hay en este momento. Hace 18 años no era igual.

Si pudiera traerse algo de Medellín para hacer de esta tu ciudad ideal, sería la gente, los paisas son lo máximo.

Su mantra es "Si no puedes construir un castillo, construye una cabaña, pero nunca serás feliz en la cabaña si sigues pensando en el castillo".

Paola se considera una persona común y corriente. "Yo pude lograr buenas cosas. Así que todas podemos".

33

PATRICIA RUIZ

*La fórmula química del éxito
lleva dedicación y constancia*

Abrirse camino como inmigrante nunca ha sido fácil. Es una máxima que pesa sobre todo aquel que desea establecerse fuera de las fronteras de su propio país, especialmente cuando se trata de los hispanos y para Patricia Ruiz no fue diferente. Oriunda de Cartagena, Colombia, actualmente madre, profesional universitaria con un doctorado, es una verdadera científica laborando en el desafiante mundo de la investigación y la aplicación.

Llegó a los Estados Unidos con la firme intención de estudiar, con una visa de estudiante, un primero de enero por allá del año 1998. Venía cargada de sueños, pero también con muchas dudas, miedos y expectativas. Fue recibida por un profesor y su esposa previamente contactados, quienes la llevaron desde el aeropuerto de Atlanta, directamente hasta el edificio residencial donde viven los estudiantes internacionales que van a cursar estudios en Georgia State University, donde había concursado para su formación.

Su primera gran experiencia fue saber que quienes la esperaban, sabiendo que había salido de viaje con lo mínimo indispensable, le ofrecieron de entrada, sábanas, almohadas y otra lencería. Como a todos los recién llegados, la nostalgia por su familia le tocó la puerta, se dio cuenta de que debía tomar las riendas de su vida, aun cuando no estaba acostumbrada por la sobreprotección de su madre, al hacerle todo y no enseñarla a enfrentar la vida.

"Somos creativas, determinadas y responsables a la hora de alcanzar nuestros propósitos".

Otro de los obstáculos que tuvo que sortear, fue el manejo del idioma, así como también haber coincidido en el departamento donde se alojó, con una auténtica "torre de babel", en cuanto a las nacionalidades e idiomas de sus compañeras.

Qué hacer después de estudiar

Una vez finalizados sus estudios de doctorado, le ocurrió a Patricia lo que a muchos: debía asimilar el cambio y buscar empleo, solo que se encontraba embarazada y deshojaba la margarita en cuanto a esperar a que naciera su hijo y alcanzara cierta edad antes de dejarlo al cuidado de otros. Un día un amigo y paisano que prestaba servicios en un CDC (Centro para el Control y Prevención de Enfermedades) la invitó a conversar con su jefa a ver si con su perfil, podrían emplearla, pero habiendo recesión en esa época, le ofrecieron colocar su hoja profesional en una suerte de cartelera para que allí pudieran contratarla si la necesitaban. En efecto, ocurrió que la llamaron y para su sorpresa era el director de una importante agencia científica, donde fue contratada y luego de varios años desde aquel encuentro, sigue prestando allí sus servicios.

Patricia ha aprendido a desdoblarse entre la profesional que es, con un trabajo importante, exigente y delicado, y compartir con su familia, su esposo, sus hijos y su familia en Colombia.

Es importante para ella mantener el equilibrio necesario para darle a sus hijos la mejor formación, la disciplina que requieren, que cumplan con sus compromisos deportivos y con el rendimiento escolar, apalancándose siempre con los valores que vinieron con ella: educación y disciplina.

Mujer de fortalezas

Se considera, al igual que el resto de las hispanas, una mujer con un cúmulo de fortalezas. "Somos creativas, determinantes y responsables a la hora de alcanzar nuestros propósitos, la disciplina es uno de mis fuertes".

Le hubiera gustado aprovechar la oportunidad de invertir en otros campos no relacionados con sus estudios profesionales, pero no se animó a buscar una persona que la orientara para tomar las decisiones necesarias; simplemente no tomó ese riesgo.

Está felizmente casada con un pastor de la iglesia con quien comparte labores dentro la misma, teniendo el privilegio de combinar lo espiritual con lo científico, considerando la compatibilidad de la fe y la ciencia, convencida de que todo lo creado por Dios, está asociado a la ciencia para darle propósito. Ha tenido a través de la iglesia la oportunidad de trabajar como coach o mentora, orientando a las personas, principalmente a los más chicos.

Se considera una Hispana Realizada, toda vez que alcanzó el éxito de acuerdo con sus propósitos de vida, manteniendo como valor predominante la excelencia por encima de todo, considerando además que cada acción es perfectible, siendo disciplinada.

Patricia lanza un consejo para todas aquellas hispanas inmigrantes con miras a salir adelante: Mantengan la perseverancia, el liderazgo, el respeto, aprovechen y luchen por las oportunidades, sin desmayo, entendiendo que la única limitante lo establece cada una.

34

REBECA MONTANER

Convierte a tus seguidores en clientes potenciales

L a venezolana Rebeca Montaner llegó con 10 años de edad a los Estados Unidos. "No me vine, me trajeron". Sus padres recibieron una alerta de secuestro de su pequeña hija y sin pensarlo dos veces armaron equipaje y alzaron el vuelo.

Aunque papá y mamá llevaban adelante empresas prósperas, prevaleció el criterio de seguridad familiar. Más aún, cuando las amenazas se descubrieron provenientes de un trabajador de confianza.

"Llegamos a Weston, Florida, buscando mi buena educación. Creí ser muy independiente y resuelta, pero la barrera del idioma se presentó por al menos un año y debí pedir ayuda obligatoriamente".

Por no saber inglés, Rebeca quedó varias veces varada en medio del camino de la vida. Miraba hacia los lados con un espíritu que pedía auxilio, pero fue tropezón tras tropezón como logró salir airosa.

Cuando ya tenía 15 años y dominando el sistema educativo americano, creó en su escuela un seminario para padres de inmigrantes que apenas se incorporaban a lo nuevo. "Debía ayudar a que no pasaran por lo mismo que yo".

"A quienes van llegando les digo: emigrar es difícil, pero es una etapa que se supera. Es temporal".

Actualmente, es la creadora y directora de *Ceven Digital*, una agencia de estrategias y marketing que asesora a pequeños y grandes negocios a migrar de lo real a lo virtual, monetizando cada acción.

Huellas para facilitar los pasos

Del seminario para padres que Rebeca hace unos buenos años creó, hoy se siguen cosechando frutos. La escuela donde estudió lo tradujo al menos a cuatro idiomas y se comparte, incluso, con padres y madres americanos. "El seminario tomó el nombre Huellas, y lo creé a los 15 años cuando hubo una primera ola de inmigrantes venezolanos hacia los Estados Unidos. Mi mamá hablaba a nuestros amigos sobre el sistema de salud y otros asuntos, pero yo lo hacía sobre la educación porque era lo único que sabía". Les decía qué clases tomar, cómo interpretar una calificación, cómo aspirar a una beca universitaria. Todo sucedió porque tuvo que sobrevivir y destacarse.

Al crear el seminario su intención era informar al inmigrante sobre qué preguntar, cómo hacerlo y qué decir. Empezó para los venezolanos, pero ahora lo toman personas de muchas nacionalidades.

Ayudar la hizo evolucionar

Esta mujer fue creciendo y, con su tamaño, también lo hicieron sus aspiraciones. Actualmente orienta a empresarios para que no pasen problemas que ella ya superó. "A quienes van llegando les digo, emigrar es difícil, pero es una etapa que se supera, es temporal".

Su agencia *Ceven Digital* (que significa Centro Venezolano Digital), nació empujada por su espíritu solidario. "Este es mi segundo negocio y en cada cosa que emprendo debe existir un impacto social. No me mueve el dinero, sino las ganas de apoyar a otros".

Creó la agencia inicialmente para recaudar dinero, alimentos y otros insumos para un país que se encontraba sumergido en protestas políticas. Pero evolucionó hacia dar empleos a venezolanos en el mundo.

"Me enfoco en mujeres que tienen sus negocios, pero que necesitan automatizar sus servicios, y así lograr más tiempo para su familia. Mi mamá es de esas mujeres que tuvo que elegir entre su carrera o su rol de maternidad, cuando justo tenía en frente una beca aprobada para estudiar en los Estados Unidos. No me gustaría que eso lo vivan tantas más".

Ellas son su motivación. Por ellas se levanta cada día sin importar las horas de trabajo que implique.

Uno de los consejos que comparte para que el proceso de digitalización de un negocio sea exitoso es que en redes sociales primero conectas y luego vendes. "Debes saber que educar, inspirar y motivar son los objetivos. No solo vender un producto. La idea es conectar primero con el cliente y luego vienen las ventas. El mundo de las redes cambia a cada rato".

El libro

Rebeca publicó un libro. Lleva por título 'Convertir seguidores en clientes' y surgió de la idea de aplicar todo lo aprendido en la agencia y convertirlo en una hoja de ruta. "Lo que más me gusta es acompañar a una persona en específico más allá de crear imagen y logo. Me encanta el proceso de transición". El libro narra cada paso del mapa para lograr entrar de forma exitosa en el mundo digital.

La Rebeca de hoy le diría a la Rebeca que llegó con solo 10 años de edad, que debe ser paciente consigo misma, porque es muy autoexigente. "Dale tiempo que todo llega a su momento, y todo tiene su razón".

Se siente una Hispana Realizada al 100 %, tiene un esposo que es el hombre de sus sueños y el trabajo que más le gusta porque puede ayudar a otros lograr lo que quieren. Decir a quienes le buscan que su idea es suficientemente buena.

Su red social favorita es Instagram porque da resultados más rápidos. Asegura que en una estrategia de marketing no puede faltar la claridad en el tipo de audiencia a la cual se quiere llegar.

Como anécdota, Rebeca cuenta que siempre le ha causado risa que le pregunten su parentesco familiar con el cantante Ricardo Montaner, el cual no existe. "Una vez de pequeña dije que era mi tío y fue peor".

Su mantra es: Convertir lo negativo en productividad.

35

ROCÍO BRAGGIATO
En puntas ante la vida

R ocío Braggiato creció en medio de escenarios, zapatillas, vestuarios, música. Rodeada de arte, por dondequiera que mirara. Nació de arte y también dio a luz, arte. Rocío es mexicana, bailarina de clásicos y de ritmos folclóricos de su país natal.

Actualmente vive en Houston, Texas. Allí, con el apoyo de su familia, dirige la academia *Intempo Dance*, donde ve crecer y evolucionar a niñas y jóvenes en la sacrificada pero muy gratificante pasión de bailar en puntas.

A los Estados Unidos la trajo el amor. "Cuando me mudé, era bailarina principal del Taller Coreográfico de la Universidad, lo que hizo difícil la decisión de emigrar. ¿Seguía con la ilusión de una carrera o hacía caso al amor verdadero? Así que bueno, aquí estoy, halada por mi esposo y emprendedora en lo que mueve mi vida".

Para comenzar como bailarina y terminar con una academia propia en un país que no es el tuyo, se necesitan más que equilibrio y unas buenas piernas. "La disciplina es fundamental. Para sobresalir debes tener una devoción por el trabajo, dedicación plena, honestidad contigo misma, porque por mucho que tengas ganas y empuje, debes convencerte de que lo deseas lograr. Dejar atrás los obstáculos. Porque condiciones físicas muchos las tienen, pero la perseverancia y la ilusión no todos. La alegría también debe estar presente, a mí me divierte lo que hago. Cuando doy clases, les digo: sean ustedes mismas y luchen por su sueño".

Mujeres de fuerza

La mujer inmigrante, en general, tiene una fuerza impresionante. Es un fuego interno que les hace caminar firmes. "Nosotras vemos cada obstáculo como un aprendizaje, dejando fuera palabra imposible. Emigrar es una forma de crecer".

"La disciplina es fundamental. Para sobresalir debes tener devoción por el trabajo".

Rocío cree que el empuje va de la mano con la pasión y que aquello que dejas atrás se convierte en pasado, por lo cual se hace obligatorio mirar hacia el futuro.

Muestra de ello es *Intempo Dance*, una escuela de baile que nació de la necesidad de reconectarse con el baile. "Al principio fue difícil porque no podía ni trabajar; tenía visa de acompañante. Haber pasado de estar 24/7 en el ballet a ser ama de casa, donde no sabía ni pender la lavadora, fue fuerte. Lo tomaba como jugar a la casita, pero al año de estar haciéndolo ya me sentía enloquecer. Se había acabado mi comunicación con el arte. Así que un día, desempacando todavía cosas de la mudanza, conseguí una carta de recomendación dirigida a una escuela aquí en Houston. ¡No la había llevado! Qué pena. Pero descubrí que justo a pocos metros de mi casa, estaba la escuela, así que mi esposo fue a llevarla".

La historia de su vida giró inesperadamente. Le recibieron en la escuela, la directora se convirtió en prácticamente su madre por los siguientes 17 años; la conectó con gente importante, la envió a cursos, seminarios, viajes, conferencias. "Yo tenía lo mío, el talento, pero ella me abrió puertas".

La satisfacción de hacer lo correcto

Se podría pensar que el éxito más contundente de una bailarina está al final de una presentación, en la ovación del público y en el reconocimiento en el tiempo. Pero para Rocío, la trascendencia va más allá.

Cuenta que, en alguna oportunidad, fue pasante en una guardería de niños con necesidades especiales y quedó marcada, fascinada. Descubrió que el baile sana y hace feliz. "Ahora de la escuela *Intempo Dance* se desprende un aparte sin fines de lucro para apoyar la sanación desde el arte, la danza. Tratamos niños con autismo, alguna discapacidad física o emocional. La danza ayuda a aliviar, se les dan becas y ayudas, pocas porque no tenemos tanto apoyo económico, pero sí hemos hecho actividades comunitarias y son una forma de ayudar a mucha gente a sonreír".

En tiempos de pandemia, la escuela se reinventó con videollamadas. "Algunas de las chicas se disfrazan del personaje de algún cuento y así nos acercamos a quienes están lejos. Cuando niños especiales logran movimientos, es infinitamente maravilloso".

El equipo humano de *Intempo Dance* se ha esforzado en mostrar que más allá de lo económico, la felicidad es poder ayudar, sanar, inspirar.

Y de allí se desprende el consejo más puro que puede ofrecer a las bailarinas inmigrantes: Deberás trabajar cuatro o cinco veces más de lo que venías acostumbrada. No es solo demostrar que eres buena, sino que eres la mejor.

Rodeada de felicidad

Rocío se ve feliz en cinco años. Rodeada de mucha gente positiva, con nietos, con una academia crecida, tal vez hacia otra ciudad, dándole más valor a la misión de la escuela.

Sin duda, se siente una Hispana Realizada. "Lo soy en muchos aspectos, pero el día que tenga mi último respiro, les diré a todos estoy realizada.

El ritmo que mueve su vida sigue y seguirá siendo el mexicano. "El mariachi me vuelve loca, lo valoro mucho más porque estoy fuera. También me gusta mucho la salsa y el merengue, porque mi esposo es buen bailarín".

Reconoce que el sacrificio más grande de una bailarina está en la limitación de la alimentación y en sobrevivir sana emocionalmente; el artista es muy emotivo, hay muchas bajas y altas.

Si tuviera un superpoder sería el de sanación. Su mantra es "no te preocupes, ocúpate". Bailar es vida.

36

ROSIE REYNA

La salud es un viaje que no se improvisa

El orden de prioridades de la mexicana Rocenda "Rosie" Reyna sitúa en el primer peldaño a la salud. No el dinero, ni la fama, ni los viajes, la salud.

Rosie es sobreviviente de cáncer de mama y desde su curación, ve la vida de otro color. "Estamos en esta vida para ser felices, más nada, de resto es ganancia. Por eso debemos agradecer a Dios la oportunidad que nos da cada día, porque despertamos con vida".

Llegó a los Estados Unidos cuando apenas tenía 15 años y ni siquiera podía decidir por sí misma. Vinimos hace 30 años empujados por el divorcio de mis padres. Mi madre tenía familia acá, y nos trajo a todos, a los nueve hermanos".

Rosie se desempeña como gerente de ventas de una agencia de viajes, desde donde invita a sus clientes a viajar por la vida con la gratitud de estar sanos y poder conocer un mundo que tanto tiene para ofrecer.

Una sacudida cultural

Llegar a un país vecino, pero igual ajeno, es sinónimo de una sacudida. En el caso de Rosie, desde el punto de vista cultural "Lo mío vino por el idioma, entendía muy poco el inglés y si acaso alcanzaba a decir mi nombre". Afortunadamente ingresó a la preparatoria y en muy poco tiempo dominó lo que hacía unos meses le hacía temblar las piernas.

> "Siempre he sido luchadora, ambiciosa, he trabajado toda mi vida, pero no tanto por dinero sino por sobresalir".

Su capacidad de adaptación le facilitó el camino en un tiempo donde no se veía tanto latino en Atlanta. "Nos vimos forzados a adaptarnos porque éramos solo cuatro latinos en la escuela y uno de ellos era mi hermano".

A esta mexicana le gusta la vida americana, el orden y que todos sigan las reglas, porque de no seguirlas, cuesta caro al bolsillo.

Sin ínfulas de autosuficiencia

El cáncer no solo cambia el cuerpo, sino la perspectiva de la vida. "Haber padecido la enfermedad me cambió la vida por completo. Siempre he sido luchadora, ambiciosa, he trabajado prácticamente toda mi vida, pero no tanto por el dinero, sino por salir y sobresalir. Antes fui una mujer orgullosa, no pedía ayuda, no pedía perdón, el cáncer me ayudó a entender que no somos autosuficientes. Siempre necesitaremos de alguien más. Esta etapa me mostró quiénes eran mis amigos y quiénes no".

Fue un proceso reciente, del año 2019, época durante la cual pudo fijarse cuán apreciada y amada es. "Tuve mucho apoyo de familia y amigos, fundamentalmente de mis hijas. Una de ellas me acogió en su casa, se encargó de que no hiciera falta nada. El cáncer me unió a mis hijas".

Es una condición de salud que afecta al paciente y tanto o más al entorno. "Ahora soy mejor ser humano, veo la vida totalmente diferente. Antes tenía una prisa por vivir, correr, lograr esto y lo otro. Pero ahora me doy cuenta de que Dios me lleva donde él quiere. Ya no vivo con la ansiedad de morderme al mundo en un bocado".

Y aunque su relación de pareja se quebró hace algunos años, ahora es cuando se siente una mujer feliz, plena, productiva, contenta y agradecida con Dios por la nueva oportunidad.

Cuando se enteró de que tenía cáncer, Rosie vivía en Las Vegas. "Hablé seriamente con Dios, le pregunté qué debía aprender, estuve dispuesta a pelear, pero si él decidía que era tiempo de irme, lo aceptaría. Mis hijas están hechas y derechas, son felices y de corazón noble. Sentí que había terminado mi trabajo, y eso fue lo que me ayudó a enfrentar todo con una mente positiva. Yo batallo, pero la última palabra la tiene Dios".

Nunca se vio enferma, nunca reclamó "por qué yo", porque le puede pasar a cualquiera, no tuvo autocompasión, ni lloró. "Estoy llena de felicidad por mí misma, mi entorno es bonito, pero si no fuera feliz por dentro no transmitiría lo que todos ven".

Su consejo es la prevención. "Escucha tu cuerpo, revisa tu salud. Ve a un médico y pide segunda opinión. En tus manos está detectar a tiempo y prevenir".

Viajar es parte de vivir bien

El trabajo de Rosie es ser gerente de ventas de una agencia de viajes. Se dedica de las redes sociales, asiste a eventos de networking, a convenciones fuera del país y a los que la agencia sea invitada. Está contenta por la oportunidad de hacer algo que ama.

"Me encanta sentirme productiva y exitosa, poner en práctica lo que sé hacer, diseñar para Social Media, me fascina la gente. Lo mejor de viajar es conocer otras culturas y valorar la tuya, siempre es bueno ver el mundo y regresar a tu nicho seguro".

Para Rosie la mejor medicina que existe se llama amor, si pudiera tener un superpoder sería volar para visitar a sus afectos cada vez que quisiera en México y a sus amigos regados por el mundo. Si pudiera mirar hacia atrás, le diría a esa Rosie de 15 años que no hay de qué preocuparse, todo llegará a su momento.

37

ROXANA AMAYA

Importar alimentos que nos traen el sabor de casa

Siempre vino de visita a los Estados Unidos. Sus viajes eran de placer o de capacitación en su iglesia, pero jamás pensó que un día viviría aquí. La salvadoreña Roxana Amaya decidió hacer un cambio en su vida, cuando la vida misma la sacudió con la muerte de su hijo, allá en El Salvador.

"Luego de perder a mi hijo, el jefe del lugar donde trabajaba me propuso transferirme a Miami y hacer lo mismo de allá, pero aquí. Acepté. Pero vino un segundo trago amargo y fue mi divorcio. Decidí mudarme a Atlanta buscando el apoyo de una hermana, además porque la ciudad me encanta".

La historia comienza con dolor, pero con el tiempo, se transformó en plenitud y felicidad.

Los retos que enfrentó siendo inmigrante, además con tamaño luto, los superó paso a paso en un primer momento en Miami, ya que su comunidad espiritual la reconfortó y acompañó. "Me sentí cobijada, protegida y amada".

El idioma también fue un desafío, pero no en la Florida, sino en Georgia. Roxana traía algunas luces para comunicarse, sin embargo, no eran suficientes y debió estudiar.

El mayor reto reconoce, fue descubrir qué quería de su nueva vida; al verse sola y fuera de sus propias bases, le tocaba volver a comenzar. "Le preguntaba a Dios qué propósito tenía conmigo. Siempre me mantuve a la expectativa sobre lo que Dios tenía para mí. Las inmigrantes somos mujeres llenas de fuerza, no sabemos rendirnos".

> "Después del divorcio me redescubrí, tenía dones y talentos escondidos que los puse a funcionar".

Actualmente, es una mujer que disfruta de la vida y sus regalos. Trabaja como importadora de "productos nostálgicos", término que acuñó para referirse a todas esas comidas, golosinas y bebidas de países de Centroamérica, Suramérica y el Caribe que formaron parte de una buena parte de la vida de los inmigrantes en Estados Unidos, y que jamás volvieron a probar.

La felicidad en un bocado

Roxana narra con alegría que su trabajo le encanta. Traer y distribuir productos especiales para la comunidad inmigrante es una maravilla, porque son sensaciones a las que habían renunciado cuando salieron de sus países.

Pero la memoria gustativa se mantiene ahí y se reanima en emociones cuando se vuelve a tener entre las manos un manjar típico del lugar que te vio nacer. "Antes era posible tenerlos únicamente si alguien venía de visita, pero ahora lo traemos nosotros".

Si le tocara llevar algo de Estados Unidos a El Salvador, sería la salsa barbecue (o para barbacoa). "En este país los asados de costilla que llevan esa salsa son una delicia y en El Salvador no se prepara así".

Roxana no sabe cómo será su vida en cinco años, porque todo depende del plan de Dios. Lo que sí sabe es que estará feliz y con sueños alcanzados.

Sí se considera una Hispana Realizada, porque se siente plena y completa. "Después del divorcio me redescubrí, tenía dones y talentos escondidos que puse a funcionar".

A su vida le da ritmo la alabanza a Dios, del 1 al 10 se considera 11 en felicidad. "Soy feliz en todas las áreas que vivo. Siento que vienen muchas cosas nuevas; aprendí que no es necesario estar en pareja para lograr cosas, sola también lo puedes hacer".

Si pudiera tener un superpoder, sería ser invisible para poder estar en todos lados. Mientras que su mantra es "soy feliz y agradecida con todo lo que pasa en mi vida. Todo es maravilloso si así lo crees".

38

VIOLETA PÉREZ
Determinación y belleza combinadas para triunfar

Violeta Pérez es una mujer simpática, alegre y con metas claras. Salió de su natal Cuba cuando apenas contaba con 20 años y con un hijo de cuatro años, quien fue la razón principal que la condujo a tomar la decisión de emigrar y darle una mejor calidad de vida. Admite que, al considerar la salida de su país, pensaba viajar hacia España pues allí vive su familia paterna. Sin embargo, la oportunidad que se le presentó apuntó la brújula hacia los Estados Unidos.

"Fue una decisión muy dura porque me tocó salir sola con mi hijo, sin familia en este país que me diera acogida, pocos amigos y con grandes limitaciones del idioma; me defendía con lo básico, pero gracias a Dios encontré unos ángeles en mi camino que me protegieron, entre ellos, la niñera de mi niño quien lo cuidaba con tanto cariño, que me daba mucha tranquilidad. Gracias a ella, pude sobrevivir porque el principio tenía dos trabajos".

Años después, su vida se desarrolla en el mundo de la moda y las pasarelas. Fundó su propia academia de modelaje Talento Latino y educa a decenas de jovencitas que sueñan con convertirse en una de las grandes del mundo de las poses y los vestuarios.

Caminar hacia el mundo de la belleza

Violeta trabajó muy duro y logró abrirse camino en el ámbito de la belleza, donde la competencia es feroz y propone una vida llena de retos. "Muchos me decían que tenía bonito rostro, pero mi estatura no era la adecuada para una modelo; me costó mucho trabajo y malos ratos, porque las personas se aprovecharon que estaba recién llegada a este país y sin conocimiento del medio. Entonces pasé por muchas situaciones engañosas. También está otro aspecto importante con el que no estoy de acuerdo, en este medio de la belleza se toma en cuenta solo lo físico y pienso que hay belleza más al interior de una persona, que es mucho más importante".

> "Hay más belleza en el interior de una persona, y eso es mucho más importante".

Tener un sueño y tratar de alcanzarlo con perseverancia, dedicación y empeño, así como tener metas claras, la ayudaron a posicionarse en el mundo de la belleza. De hecho, tiene 17 años en el medio y "aquí estoy, he sobrevivido y superado muchos obstáculos".

Nada es imposible

"Me ha tocado enfrentar muchos desafíos, sin duda, algunos más difíciles que otros, pero depende de cómo los veas. Siempre le digo a mis hijos que no hay imposibles, que de las cosas negativas que nos toque enfrentar, se puede obtener algo positivo".

Recuerda con nostalgia y valentía, cómo tuvo que abrirse camino sola en este país, siendo prácticamente una niña de veinte años y sin el apoyo de una familia. Ahora, 17 años después declara "he sobrevivido".

Sobrevivir a la apariencia

Alcanzar el éxito se debe principalmente a la dedicación, así como, el amor y el corazón que le pongas a lo que haces, eso te hace sobresalir por encima de los demás.

Por supuesto, tener claridad en lo que para ti es el éxito y los medios que vas a desplegar para alcanzarlo. Esto es importante, porque cada persona tiene su propia concepción del éxito y en función de ello orienta sus energías para lograrlo.

Violeta sabe que su mundo se asocia con la superficialidad y la apariencia, pero se deben tener muy bien plantados los pies sobre la tierra. "Enfócate en lo que amas, en lo que quieres hacer, a dónde quieres llegar, ponle corazón a lo que haces para alcanzar tus metas".

Esta simpática mujer logró abrir su propia academia de modelaje en Atlanta llamada Talento Latino, emprendimiento que surgió con la finalidad de educar a los latinos a desenvolverse en este ámbito de la belleza. Empezó con clases de actuación y modelaje y actualmente se ampliaron las áreas de formación. Se imparte el Megataller de Modelaje, el cual incluye modales en la mesa, protocolo de eventos, clases de maquillaje, cursos de nutrición, cursos de pasarela y estrategias de desenvolvimiento personal.

"Este paquete de cursos hace énfasis en desarrollar en las participantes el sentido de aceptación de sí mismas, con sus características propias; sin importar si son altas, pequeñas, rellenitas o delgadas. Asimismo, fomentamos el respeto, la confianza y seguridad en ellas mismas".

El superpoder de las hispanas

En medio de risas, Violeta está segura de que las hispanas son las Wonder Woman. "En mi caso particular mi superpoder recae en el hecho de que soy cabeza de familia, eso me impulsa a nunca tirar la toalla. Siempre le repito a mis hijos que lo imposible no existe, voy a lo que voy, en busca de lo que yo quiero y es mi determinación de hacer lo que realmente amo hacer. Me considero una Hispana Realizada, no solo desde el punto de vista empresarial sino también como madre y mujer. He logrado las cosas que me he propuesto, he vencido duros desafíos".

Viviendo en este país no extraña la comida cubana porque trajo a su mamá de Cuba y ella le prepara los ricos platos típicos. De igual manera, su música tradicional la acompaña a todas partes, en su casa o en el trabajo.

Su mantra o lema de vida es "siempre hay viento favorable para el que sabe hacia dónde va. Mira siempre hacia adelante. Amor y pasión en lo que quieran hacer".

39

XIMENA MONTILLA
Preserva nuestro bello idioma con clases listas para aprender

A la venezolana Ximena Montilla Arreaza la convenció el amor de la familia de que Estados Unidos era el país ideal para echar raíces, hacerlas crecer y ver la planta florecer. Su esposo, un alemán con amplitud cultural, tiene fuertes vínculos familiares en esta nación y Ximena también cuenta con un hermano mayor. "La decisión fue venirnos".

Llegaron de Europa, donde vivieron durante algunos años. "La situación económica en España no era tan fácil, así que como familia era un proyecto pendiente venir a vivir aquí, especialmente por la experiencia multicultural y para perfeccionar el inglés".

En España los impuestos son altísimos, mientras que en suelo americano son mayores los incentivos para emprender y convertirte en una pequeña empresa. El mercado también es diferente. Aprendí de nuevo a hacer marketing, hay mayores oportunidades. Lo que allá había conseguido en ocho años aquí lo llevo en menos de tres, cuenta Ximena.

Actualmente, la venezolana desarrolla un método de enseñanza del español y comercializa paquetes de clases listas para personas hispanohablantes que deseen hacer de esto su método para generar ingresos. Su plataforma es claseslistas.com.

Aprender los códigos sociales

En el ámbito legal, Ximena no tuvo problemas para adquirir sus papeles porque venía casada con un alemán, pero la adaptación fue otro tema. Hacerse de la cultura del nuevo país es una gran etapa, no muy sencilla, a su parecer.

> "Mi forma de producir dinero ha estado ligada a la enseñanza del español tanto aquí como en mi país".

Aprender los códigos sociales, la forma de saludar, cómo se agradece, la cotidianidad, son asuntos para poner atención. El americano puede ser muy abierto al principio, pero luego no.

Clases listas para enseñar

Como fundadora de una empresa que busca preservar el idioma, su experiencia se remonta a su vida profesional de siempre. "Mi forma de producir dinero ha estado ligada a la enseñanza del español, tanto en mi país de origen como en los que he vivido. Me preocupó que llegábamos a un país donde se hablaba inglés y por ello mis hijos abandonarían un poco el español, especialmente el pequeño que llegaba de 2 años".

A su alrededor había muchos hispanos que hablaban su idioma natal, pero sus hijos no. Y eso también le inquietó.

Ximena trabajó en un colegio como profesora de español, pero no sentía que contaba con las guías adecuadas, así que creó su propio método para apoyar el proceso pedagógico, el cual no solo serviría para ella sino para otros que desearan hacerlo. Estas clases listas le vendrían bien a quienes quisieran trabajar, pero no de camarera, mesera, o como empaquetador en alguna empresa.

Se trata de un material que te orienta paso a paso sobre cómo enseñar. Puedes imprimirla o usarla en formato digital. Requiere un profesor, no es para aprendizaje autodidacta. Debe ser un instructor hispanohablante o bilingüe.

Existen dos programas: Uno para jóvenes y adultos que consta de cuatro libros, y también un paquete para niños que se enseña por unidades temáticas y hasta el momento van cinco publicadas.

Embajadora orgullosa

Su mayor satisfacción ha sido mantenerse como educadora en un país que no es el suyo. "Me encanta ser embajadora de mi idioma. Poder enseñar nuestra cultura y combinar el valor de 21 países que hablamos el mismo idioma, es lo mejor que me ocurre".

Sobre su experiencia como inmigrante y emprendedora, no siente que le hayan tratado mal. Ve igualdad en su caso, todo ha sido positivo, hay mucha ayuda para mujeres emprendedoras, ser mujer ha sido una oportunidad.

A las inmigrantes que siguen llegando a este país en busca de una oportunidad, les dice: No estás sola, es importante que preguntes, está mal quedarte sin saber. El camino no es fácil, pero sí gratificante. Cada golpe deja un gran aprendizaje. Cada día haz algo para alcanzar tus metas.

En el avance del tiempo, Ximena sueña con que Clases Listas sea la referencia educativa para la enseñanza del español, desea que cada vez más familias tengan esta buena herramienta para encaminar a sus hijos en el idioma con facilidad y de una forma gratificante. "Aspiro llegar a muchos países tanto de habla hispana porque les llegan extranjeros, así como de otras lenguas donde van inmigrantes hispanos cuyos hijos deben preservar su lengua materna".

Enamorarse primero

Existen tres herramientas o consejos útiles para que el español no se olvide ni se pierda en los agujeros de nuestra mente. El primero es enamorar a los hijos del idioma, no como lengua materna sino como lengua afectiva (con la que comes, bailas, cuentas cuentos y narras tu cultura). También hacerlo funcional y divertido. Y, por último, leer todo lo que puedas en español.

Finalmente, hablando de Venezuela, para Ximena, la arepa significa familia, unión y un gran símbolo de identidad. "A mi país le digo, vas a sanar y a florecer; Los que estamos afuera seguimos creciendo, y algún día volveremos para ayudarte a salir adelante".

No cree que quiera tener un superpoder. "Me quedo así. No puedo jugar a ser Dios". Su mantra es "cuando amas lo que haces, no es un trabajo".

40

YAZZ CONTLA
El marketing le regaló un divertido estilo de vida

Yazz parece una máquina de energía; produce ideas a mil por hora. Es inquieta, se mueve, se ríe. Conoce las redes sociales a fondo y sabe sus tratamientos estratégicos para hacer efectivo el mensaje que se envía. Su favorita es Facebook, pero ama por igual a su comunidad en Instagram y YouTube.

Su nombre es Yazmín Contla, pero con el sonoro y directo Yazz es más que conocida. Habla orgullosamente mexicano y en palabras de ella misma ¡es una chulada de mujer!

Estudió marketing en una universidad de su país natal. Al graduarse, trabajó en agencias para marcas como Hershey, Motorola y American Express.

"Apareció una oportunidad para trabajar en Brasil, me fui sin hablar nada de portugués, sin saber qué comer, hasta me pregunté varias veces qué hacía ahí. Pero duré cuatro años y repetiría la experiencia, porque me encantó. Venía a Miami de vacaciones y decía: ¡Qué bonito está aquí, qué chulada este pueblo! Siempre le pedí a Dios: Llévame a vivir donde haya agua. Ya llevo ocho años aquí y es mi hogar. Todavía le voy agarrando la onda, de cómo emprender y salir adelante".

Yazz es actualmente la directora de Social Media Academy,

su escuela de marketing, y también participa en segmentos del programa Despierta América de Univisión. Es productora, asesora de marcas, generadora a chorros de contenido para plataformas digitales.

El obstáculo de los estereotipos

Cuando de hablar de obstáculos se trata, Yazz recuerda en fresco. "¿Tienes tiempo? Porque la lista es larga. Pasando por lo sentimental porque soy divorciada y en lo laboral porque he tenido proyectos y he quebrado. Mi meta desde que llegué ha sido ser conductora de TV, hice muchos castings y me decían que con unas tres tallas más en las lolas, la nariz respingada y otras tantas cosas más, estaba hecha".

> "Todavía le voy agarrando la onda a este país, de cómo emprender y salir adelante".

Estuvo tentada a dejarse arrastrar por los estándares de belleza, pero no. Se dio cuenta de que su cerebro no lo tenía todo el mundo y decidió apalancar su vida en conocimientos. El programa Despierta América le abrió algunas ventanas para conducir segmentos y está segura de que terminará conduciendo su propio show.

Esa adrenalina que transmite, esa energía que salta a la pantalla, la saca desde su corazón porque sabe que ahí está su comunidad. "Les digo mushashos, chicos, a todos les digo flaca o flaco. Los trato con cariño y también los regaño, es mi manera de ser empática y original".

Sin mirar los números

Para el momento de la entrevista, Yazz superaba los 22 mil seguidores en Facebook y los 35 mil en Instagram. Una comunidad tal vez difícil de atender por la inmediatez que todos demandan en el mundo del ya para ya.

"Mi comunidad es libre. Yo dejé de ver los números porque es lo peor que nos puede pasar. En un tiempo me estresé porque los números no subían, hasta que entendí que dejarlos libres es lo mejor. Si me quieres dejar comentarios, bien. Si me sigues, bien. Y si no, también. No pasa nada. Yo sigo con mis fieles".

Cuando no está conectada por sus canales habituales, se distrae y se divierte en TikTok. "Me río un mundo. Me gustan las bobadas, mis clientes lo saben, es una risa siempre. Paso también mucho tiempo con Motita, mi perrita".

Cuenta con orgullo que Social Media Academy es un curso de redes sociales, no típico donde te dan una clase aburrida, sino práctico, divertido. Porque muy pocos de los que anotan, realmente realizan lo que apuntaron. Así que ella pide que cada participante lleve su computadora y dispositivos, y durante el curso implementan todos los conocimientos en sus redes de forma inmediata.

"Mi objetivo es: deja de depender de otros. La agencia te cobra un dineral y no te enseña. Nadie va a querer tanto tu proyecto como tú misma".

Aclara que el marketing convencional no está muriendo, se está transformando. "No debemos cerrarnos a evolucionar, sigamos vendiendo persona a persona, pero también atrevámonos a poner nuestros productos en un carrito, a ser masivos".

Yazz ofrece cinco herramientas para hispanas que deseen triunfar en los Estados Unidos:

- Aprende inglés, sí o sí.
- No le tengas miedo a los cambios, pídelos para que veas en lo que puedes convertirte.

- Prepárate y no dejes que nadie te diga menos.
- Refuerza el amor propio, que seas tu fan número uno.
- Trabaja a tiempo y a destiempo. Mientras otros pierden el tiempo, tú trabaja.

Dios en primer lugar

Sin titubear, Yazz reconoce que Dios ocupa el primer puesto en su vida. "No hay mejor cuidador, proveedor, que él. Toda mi historia ha sido marcada por un sello espiritual muy alto. Siempre hay una caricia, entonces le digo: Tú sabes lo que yo quiero, dámelo cuando dispongas".

Le pasó con Despierta América, lo intentó durante tres años hasta que por fin apareció la oportunidad. Incluso llegó a deprimirse porque hubo conocidos que entraron y creyó que ya no habría chance para ella. "Pero no es cuando yo quiero, sino cuando Dios quiere. Lo suelto, se lo entrego a Dios y pasa".

En cinco años se ve más arrugada y en broma dice: "No hay mujer fea sino mal iluminada". Ya no da tanta importancia a las expectativas. "Voy viviendo el día a día, eso sí me veo sana y feliz. No pido más".

Yazz se considera una Hispana Realizada; entre tacos y hamburguesas, prefiere ¡tacos todo el tiempo! Muere de emoción en un aula de clases porque puede ver y tocar a la gente; si pudiera tener un superpoder sería ser invisible y su mantra es "todo va a estar bien, Dios no nos soltará".

YOLANDA BADÍA

El secreto está en darse la oportunidad de hacer las cosas

L legar al número 100 se dice fácil, pero no lo es. Divertido sí, pero fácil no. Con esta historia narrada a continuación, celebramos los 100 primeros podcasts grabados y transmitidos de Inspiración Hispana, en poco más de dos años y medio.

Tal hazaña merece una novedad y lleva por nombre Yolanda Badía, una española que emigró a los Estados Unidos en el año 2010 y que con la misma seguridad que habla ante una cámara sin titubeo alguno, ha comenzado a labrarse un camino de éxito como emprendedora, dueña de negocio y experta en diseño de interiores y decoración. Su empresa lleva por nombre *YB Interiors*.

Es novedad porque es la primera española que ocupa el espacio. Y vaya que lo merece.

Es ingeniera agrónoma de profesión. Pero debido a un giro profesional de su esposo que le hizo cambiar de continente, debió poner pausa laboral, reinventarse y, al tiempo, volver a comenzar.

"Mi marido es ingeniero de caminos, o ingeniero civil, vino hace más 10 años por una oferta laboral. Le ofrecieron venirse con proyectos de carreteras, puentes y cosas muy prometedoras. Significaba un cambio cultural importante para mí y nuestros hijos, además de un paro profesional porque

> "Para ser respetada es necesaria la formación en todo sentido. Eso es fundamental".

sabía que no podría ejercer tan pronto llegara".

Primero se instalaron en Dallas, Texas, por 6 años. Y hace 4 años mudaron su domicilio a Atlanta. "Aquí fue luego de mucho pensarlo y desearlo, que decidí hacer algo diferente y trabajar. Conseguí reinventarme, fue un momento grande y luminoso, mis hijos ya estaban mayores, llegó la oportunidad y dije aquí sí me lanzo".

El momento indicado

Yolanda cree que descubrir "el momento" es algo muy vocacional, que se lleva dentro y forma parte de ti, de tu interior. "En Dallas trabajé como profesora, también en el consulado español, hice algunas cosas, pero no sentía que era mi lugar en la vida".

En Atlanta asistió a unas conferencias en la Asociación Latinoamericana y entendió que lo que le pasaba no era distinto al sentir de otras. "Pensé que podíamos ayudarnos, empecé a informarme. Hice un curso, porque siempre necesitamos aprender. La actualización es importante. Me uní a un grupo de gente donde me identificaba, gente como yo".

La española no tiene ningún reparo en trabajar con hombres. Pero sí reconoce que, para otras mujeres, ser jefas de un equipo masculino puede ser todo un desafío. "Para ser respetada es necesaria la formación en todo sentido, eso es básico. Es un vaso vacío que debemos ir llenando junto con la experiencia.

Cuando una persona está segura de lo que sabe, se siente fuerte. Es la forma de proyectar que eres una profesional, no solo porque lo conoces sino porque lo has practicado.

Gestionar el miedo

Yolanda lanza una recomendación a mujeres hispanas para que incursionen en el medio del emprendimiento sin miedo en ser jefa de grupos mixtos. "La gente percibe lo que proyectas. Debes proyectar que eres la líder, que eres capaz de dar el pecho por tus sueños y por alcanzar los objetivos. La percepción que tienen de ti, debe ser profesional e impecable, y esto incluye la imagen".

La emocionalidad de la mujer es algo que siempre estará. No obstante, el deber es saberse manejar. Al sentirte débil es cuando otro se apodera de ti. Una persona insegura se convierte en bocado de uno más grande. Se deben tener los objetivos claros.

El miedo forma parte de la vida, pero lo importante es que quieras hacer aquello que hay en un tu mente y corazón. Moverás las fichas, y lo harás. Lo importante de tener dudas, pero resolverlas. Hay que gestionar el miedo.

Es mejor hacerlo y que te salga mal a vivir toda la vida con la incertidumbre de qué hubiera pasado. Se trata de darse la oportunidad de hacer las cosas. No quedarse con esa sensación de haber sido cobarde por no haberlo hecho. Es bonito porque son retos que la vida te da. ¡Afróntalos!

Un país de oportunidades

En los Estados Unidos no todo ha sido bueno, confiesa Yolanda. Pero, sí me dio la oportunidad de desarrollar el sueño que llevo dentro, también la posibilidad de manejarme en otro idioma a pesar de que no soy bilingüe, aunque sí siento que me puedo mover bien con el inglés. He llegado a un punto de madurez donde sé que pude hacer nacer la semilla y que ahora está dando frutos".

SI le tocara echar el reloj hacia atrás, hubiese iniciado su proyecto de decoración y diseño de interiores antes. "Lo lamento, pero lo acepto. Fue en el momento aquel, cuando saltó la llama de las ideas y cuando lo pude poner en práctica".

Y hablando de su empresa, llegó a ella luego de darse cuenta de que tenía talento para ver espacios vacíos y transformarlos en bellos paisajes de hogar. "Comencé yendo a casas de mis amigos y sugiriéndoles cambios. Hice mis cursos de diseño, decoración, Feng Shui; disfruto el proceso, incluyendo los errores, porque las ideas deben ir madurando. No hay caminos fáciles".

Así que sentarse a tomar una taza de café en una cocina que imaginó, diseñó y construyó una española en este país, produce mucha satisfacción. Es dar vida a una idea, no solo las suyas sino las del cliente. Yolanda se vincula con las personas, para conocer sus aspiraciones. "Terminan invitándome hasta los cumpleaños de los hijos de los clientes".

De volver a vivir la experiencia migratoria, escogería sin pensarlo dos veces los Estados Unidos. "Es verdad que las cosas son difíciles, pero aquí hay más avance con respecto a otros países. Me siento una hispana en proceso de realización, estoy feliz de haber iniciado mi proyecto e ir por buen camino".

Entre risas confesó que, entre la hamburguesa y la tortilla española, se queda con esta última. Lo que más extraña de España es su madre, su familia. "Extraño lo que es mi corazón".

Su mantra es: Trabajar y vivir tratando como te gustaría ser tratado.

Quiso finalizar su entrevista con una frase de Napoleón Bonaparte: "Hasta que no extiendas tus alas no tendrás idea de qué tan lejos puedes llegar".

ACERCA DE LA AUTORA

Fundadora y presidenta de Hispana Realizada®, Comunícate Pro, Latitudes Training, Coaching & Consulting, Globalize Localization Solutions y de Hispana Realizada Foundation, Marcela Arenas ha sido empresaria durante más de 35 años. Durante sus 30 años en los Estados Unidos, ha fundado cinco empresas de éxito, es coach, consultora y mentora empresarial y de desarrollo personal, emprendedora social, reconocida conferenciante internacional, autora de varias publicaciones y presentadora del podcast Inspiración Hispana.

Es una experimentada empresaria cuyo primer pequeño negocio se registró a la edad de 20 años. Marcela está consagrada al crecimiento personal y empresarial y le apasiona ayudar a las hispanas inmigrantes a realizarse personal y profesionalmente para que alcancen su libertad financiera en los Estados Unidos. Personalmente está dedicada a crear recursos, plataformas, programas y seminarios presenciales y online innovadores para que las hispanas puedan crear el negocio y la vida que sueñan, todo dentro del ámbito de equilibrio, prosperidad y felicidad. Ella sabe qué significa empezar un negocio en tierras extranjeras, no saber cómo hacerlo, qué camino tomar y sentirse abrumada en el proceso.

Nacida de su propia experiencia navegando por las complejidades y retos de ser inmigrante, fundó la comunidad Hispana Realizada® con el fin de ofrecer las herramientas, la motivación, los recursos y la inspiración para que las hispanas avancen en su carrera, inicien su propio negocio y prosperen en los Estados Unidos bajo el lema "juntas somos más fuertes".

Su podcast Inspiración Hispana es pionero en los Estados Unidos, el cual proporciona motivación, inspiración e ideas para crear una vida de realización e independencia para las hispanas que buscan alcanzar su pleno potencial en los Estados Unidos.

"Creo firmemente en el poder de la mujer hispana para crear un impacto en sus familias, sus comunidades, las economías y como agentes de cambio, independientemente de su origen, sus condiciones personales, sociales o culturales. Nuestra misión es empoderar y capacitar a 1,000,000 de hispanas inmigrantes en todos los rincones de este país a través de Hispana Realizada® y de Hispana Realizada Foundation. Me siento muy orgullosa de sembrar un nuevo paradigma para las hispanas que realmente encarnan el espíritu de juntas somos más fuertes".

Marcela tiene una maestría en Administración de Empresas con concentración en marketing y un título en Comunicación Social. Además, cuenta con una extensa lista de certificaciones, entre ellas, Entrenadora y Coach Profesional, Estratega Certificada de Marca Social, Especialista en Desarrollo de Marca Personal e Identidad Online, Traductora Certificada por la Asociación Americana de Traductores (ATA), e Instructora Internacional de Negocios para la Diversidad Cultural de London International House.

Marcela Arenas fue galardonada en el 2020, como Mujer del Año a la Excelencia Hispana, premio otorgado por la revista Mujer Magazine de Atlanta, Georgia, en reconocimiento al impacto que ha tenido en la comunidad hispana, su loable trabajo.

CONTACTO:

📞 404-919-3345

✉ hola@hispanarealizada.com

🔲 @hispanarealizada

🔲 @marcerealizada

🔲 @inspiracionhispana

🌐 marcela-arenas.com

🌐 hispanarealizada.com

Made in the USA
Columbia, SC
27 October 2021

47920951R00104